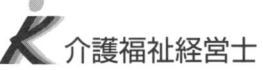

介護福祉経営士　実行力テキストシリーズ 4
経営ビジョンを戦略的に実現する
「介護会計」のすべて

**C-MAS
介護事業経営研究会**
編著

日本医療企画

はじめに

　これまでにも「介護事業者のための会計の専門書籍」は何冊も発行されてきました。しかし、いずれの書籍も税務会計を基準として書かれたもので、介護事業者が運営基準の規定で従うべき会計基準「会計の区分」に基づいて書かれた書籍は皆無でした。言葉を換えれば、会計の専門家である人々の多くが介護事業における会計基準、いわゆる「会計の区分」の存在を知らなかったのです。

　この本は、「会計の区分」の基準に準拠して書かれた初めての「介護事業者のための会計の専門書」です。多くの会計の専門家にとっても目からウロコの内容であると推察します。本書の第2章で詳しく触れられていますが、介護事業は国が定める許認可事業であり、その指定基準は「人員基準」「設備基準」「運営基準」です。すべての介護事業者は法令遵守を誓約することで介護事業の許認可を受けます。これらの基準を1つでも守らない場合は行政処分の対象となります。「運営基準」である厚生労働省令37号第38条の規程が「会計の区分」であり、通称「介護会計」です。

　この書籍は介護事業者への支援を目的として、2009（平成21）年10月からスタートした介護事業に特化する会計事務所の全国ネットワーク、C-MAS介護事業経営研究会の会員である税理士、公認会計士の諸先生が分担して書き上げた労作です。ここには介護事業者のための会計の知識が網羅され、会社の経営状態のアセスメント手法である経営分析の方法や資金繰りに関する事例が紹介されています。

　この本を活用して事業所の経営状態のアセスメント、モニタリングを実施してください。現状を認識することから始まるのは、会社経営も介護サービスの提供も同じです。この書籍が貴方の介護経営の一助となれば幸いです。

C-MAS介護事業経営研究会 最高顧問

小濱　道博

CONTENTS

はじめに

第❶章 何のために会計を行うのか

1 財務諸表とは何か〜過去・現在・未来を知る 8
2 介護事業者のためのやさしい貸借対照表の見方 13
3 介護事業者のためのやさしい損益計算書の見方 24
4 介護事業では資金繰りが大切
　〜キャッシュフローとは何か 30
5 会計をしっかりと行う意味 37

第❷章 介護経営の会計は何が違うのか

1 介護会計とは何か〜「会計の区分」の理解と実践 48
2 社会福祉法人の会計〜新基準が果たす役割 71
3 NPO法人の会計は何が違うのか 76
4 運営主体により異なる
　介護老人保健施設の会計基準 82

第❸章 財務諸表を経営分析に活かす

1 介護事業者のためのやさしい経営分析のすすめ　*86*
2 目標収入はいくら？〜損益分岐点分析　*88*
3 経営のバランスを計る〜安全性の分析　*95*
4 やりくり上手になるためには？〜収益性の分析　*104*
5 職員みんなの力を把握する〜生産性の分析　*111*
6 内部留保とは何か　*120*

第❹章 介護事業の資金繰り＆事業投資入門

1 手元にお金がないのに税金が高いのはなぜ？　*126*
2 稼働率が高いのに資金ショートするのはなぜ？　*130*
3 新しい事業所を増やしたい　*132*
4 職員を1名増やすべきかは何を基準に判断する？　*138*
5 送迎車の購入は現金、ローン、リースの
　 どれがおすすめ？　*142*
6 サ高住を建てる場合の検討事項と事業計画　*146*

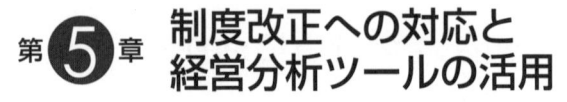

第5章 制度改正への対応と
経営分析ツールの活用

1　厚生労働省「経営実態調査」から何が見えるのか　*156*
2　C-MAS会員のMASによる
　　介護事業の経営指導　*161*

おわりに

参考資料

何のために
会計を行うのか

1 財務諸表とは何か
～過去・現在・未来を知る

(1) 会計の意義

　介護事業を営んでいる法人は、たくさんの関係者との利害関係を持ちながらその活動を進めています。法人を立ち上げる際は出資者がいますし、事業の規模を拡大するために金融機関などから借入をすることもあるでしょう。また、従業員を雇って業務を行ってもらうことを考えれば、従業員も関係者といえます。もちろん、利用者の方がいなければ事業は成り立ちません。

　それぞれの関係者は、その法人に対してそれぞれの形で力を貸しており、その力添えがあって初めて、その法人の事業の運営が可能となります。そのような関係がある以上、その法人には、それぞれの関係者に対して自らの事業の運営状態を説明する責任が生じます。この説明責任を果たすための手段が会計です。

　もともと会計は、財産を持っている人からその管理運用を委託された人が、どのように管理運用したかを説明するためのものであったといわれています。昔は財産を委託する人と委託される人との間の説明だけでよかったものが、数多くの関係者を有する現代社会においては、説明すべき対象が増えていると考えられます。時代とともに会計の意義も変わってきています。

　会計によって提供された情報を得た関係者は、その情報をもとにしていろいろな判断や意思決定を行います。出資者はその法人の事業の運営状態に応じて、その後の方針を考え直すかも知れませんし、金融機関はその法人の事業の運営状態を判断して融資を実行するか

どうかを判断したり、貸出金利を決定したりします。

　したがって、介護事業者の会計とは、「情報を提供された者が適切な判断と意思決定ができるように、その法人の経済活動を記録・測定して伝達する手段である」といえます。

（2）財務会計と管理会計の違い

　会計には大きく分けて2つの領域があります。これは、会計情報を利用する関係者、言い換えれば会計情報の報告対象によって分けられます。1つはその法人の外部の関係者に対して情報を提供するための会計で、これを「財務会計」と呼びます。もう1つはその法人の内部の関係者に対して情報を提供するための会計で、これを「管理会計」と呼びます。

◼1 財務会計とは

　財務会計の情報を利用するのは外部関係者です。そのため、財務会計は法人の外部に公表されることを前提とした会計ということになります。この財務会計で提供される外部関係者への情報は、情報を提供する法人自身が整理し、何らかの形にして提供します。外部関係者はその法人から提供された情報によってその法人に対する評価や意思決定を行ったりするわけですから、その情報がどのような方法・規準によって整理され、表されたのかがわからなければ、正確な評価や意思決定ができません。言い換えれば、情報提供者である法人が自分勝手なルールによって自分勝手な方法で情報を提供していては、情報利用者である外部関係者にとって有用な情報にならないということです。

　また、外部関係者は意思決定を行う際に、その意思決定を行う対

象である法人からの情報だけでなく、他の法人からの情報も入手し、比較検討する場合があります。この場合においても、たとえば日本中の法人が、それぞれ独自のルールによって情報を提供していては、外部関係者が比較検討を行うことができなくなってしまいます。

そこで、財務会計では、あらかじめ共通となる一定の規準が設けられ、その規準に基づいて情報が提供されます。

❷管理会計とは

一方、管理会計は、法人内部の関係者が自らの法人の状況を把握し、また、意思決定をするための情報を提供する会計です。内部の関係者であれば、情報の作成基準や作成方法を確認することも可能ですし、また、外部に公表することを前提とされていないため、共通の規準というものは存在せず、各法人が自らの経営に必要な情報を必要な形で整理し、表現することになります。管理会計により提供される情報は、その法人内部のみで、またその法人のためだけに利用されるものですので、その法人独自の視点や切り口で整理・表現してよいわけです。

(3) 財務諸表とは

財務諸表とは、法人が外部の関係者に対して情報を提供するために作成する計算書類です。つまり、前述した会計の種類で見ると、財務会計によって作成される書類ということになります。

財務諸表には種々のものがありますが、基本的なものとしては、貸借対照表(バランスシート[Balance Sheet：B/S])と、損益計算書(プロフィット・アンド・ロス・ステートメント[Profit and Loss statement：P/L])が挙げられます。

貸借対照表はその法人の財政状態を明らかにするものです。財政状態とはある一定時点において、その法人がどのようにして資金を調達しているか、また、その資金を具体的にどのように運用しているかに関する状況のことです。これに対して、損益計算書とはその法人の一定期間における経営成績を明らかにするものです。法人の経営成績は、その期間の収益と費用との比較によって計算されます。ここでいう収益とは法人が利益を追求した結果、得られた成果であり、費用とはそのために費やされたものです。収益が費用よりも大きければ純利益があったことになり、費用のほうが収益よりも大きければ、純損失があったことになります。

　このように見ると、貸借対照表はその法人の現在の状態を表し、損益計算書は過去の業績を表しているといえます。財務会計における財務諸表では、基本的には現在と過去のみしか表すことはできません。しかしながら、法人の経営者は、これらの現在や過去の情報を使って、未来を予測したり未来の計画を立てたりする必要があります。そう考えれば、財務諸表は、現在や過去についての情報を提供するためのものではありますが、未来についての情報を得るための材料となり得るのです。

（4）経営資本の循環と損益計算書および貸借対照表

　ここでは財務諸表の2つの意味について、法人の活動の流れを確認しながら説明したいと思います。

　法人は、出資者からの出資や金融機関からの借入等によって、業務を行うために必要な貨幣を調達し、その貨幣を業務の遂行のために費やします。そして、業務により提供した商品やサービスに見合うだけの貨幣をその提供先から受け取り、この貨幣を再び、次の業

務に費やしていきます。このような貨幣を経営資本と呼び、法人は経営資本を循環させることによって業務を行っています。

このような法人による経営資本の循環を介護事業者に当てはめると、出資者や金融機関から貨幣を調達し、その貨幣をサービス提供のための施設や労働力、さらには外部への委託や食事の食材などに費やすことによって介護サービスを提供します。サービスの提供後には介護保険や利用者ご自身に請求を行い、一時的に未収入金という形になったあと、その請求分を貨幣という形で回収することになります。この一連の流れは、**図表1-1-1**のようになります。

【図表1-1-1】介護事業者の活動の一連の流れ

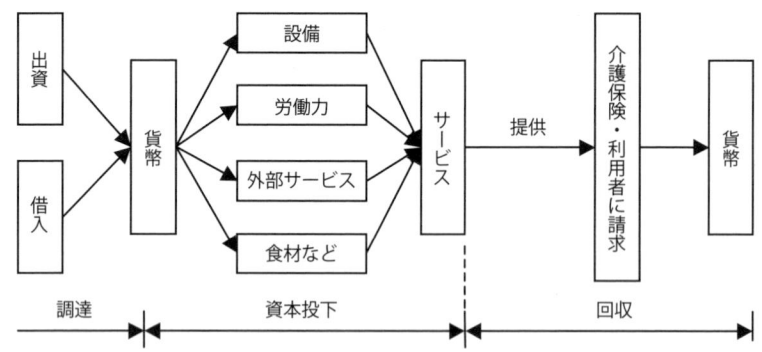

出典：飯野利夫著『財務会計論（三訂版）』同文舘出版、1996年（2-5頁の図2-1に筆者が補筆作成）

このとき、費やした貨幣に利益を加えて回収される貨幣が収益と呼ばれ、また、そのときに費やされた貨幣が費用と呼ばれます。

法人のこのような経営資本の循環過程を一定期間に区切って、その期間に生じた収益と費用を集計して損益を計算した財務諸表が損益計算書であり、その期間の最終時点での経営資本の調達源泉と運用形態を示した財務諸表が貸借対照表ということになります。

2 介護事業者のための やさしい貸借対照表の見方

（1）貸借対照表に表示される内容

　貸借対照表とは、その法人の財政状態を明らかにするものであることは前述しました。財政状態とは、ある一定時点において、その法人がどのようにして資金を調達しているか、また、その資金を具体的にどのように運用をしているかに関する状況のことです。ここで、一般的な貸借対照表のひな形を挙げると**図表1-2-1**のようなものになります。

【図表1-2-1】貸借対照表のひな形

貸　借　対　照　表
平成●●年●●月●●日

資産の部		負債の部	
Ⅰ 流動資産		Ⅰ 流動負債	
○○	××	○○	××
○○	××	○○	××
流動資産合計	××	流動負債合計	××
Ⅱ 固定資産			
1 有形固定資産		Ⅱ 固定負債	
○○	××	○○	××
○○	××	○○	××
有形固定資産合計	××	固定負債合計	××
2 無形固定資産		負債合計	××
○○	××		
○○	××	純資産の部	
無形固定資産合計	××	Ⅰ 株主資本	
3 投資その他の資産		1 資本金	××
○○	××	2 資本剰余金	××
投資その他の資産合計	××	3 利益剰余金	××
固定資産合計	××	株主資本合計	××
Ⅲ 繰延資産		Ⅱ 評価・換算差額等	××
××	××	Ⅲ 新株予約権	××
繰延資産合計	××	純資産合計	××
資産合計	××	負債及び純資産合計	××

では、具体的に、介護事業に当てはめて考えたとき、この貸借対照表はどのような形で表示されるのでしょうか。

🔟最初の資金調達時

法人の経営資本の循環の流れとして、まずは貨幣を調達しなければなりません。貨幣の調達方法としては、2つの方法があります。1つは出資者すなわち法人のオーナーからの資金調達、もう1つは金融機関等の外部の関係者からの資金調達です。

最初に、60万円の出資によって法人を立ち上げ、さらに金融機関から40万円の借り入れをして、計100万円の現金を調達したとしましょう。このとき、貸借対照表は**図表1-2-2**のようになります。

【図表1-2-2】貸借対照表①（単位：万円）

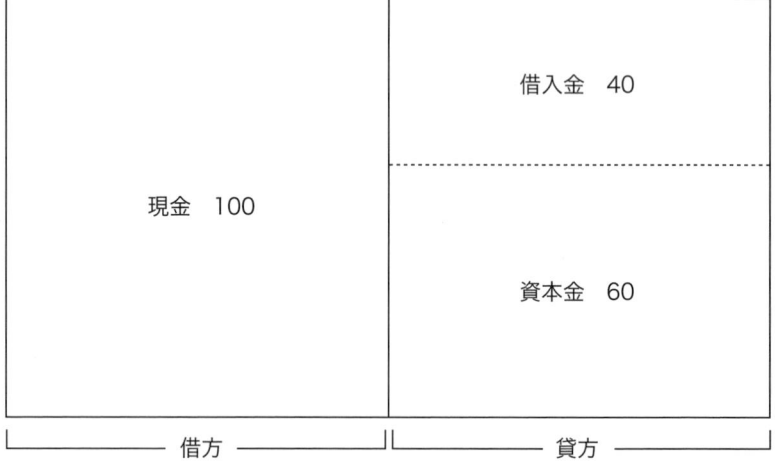

右側（貸方といいます）には、資金の調達先と調達した金額を表示します。法人を設立した出資者が出資した資金を「資本金」と呼び、これが60万円あることがわかります。また、金融機関から借り入れた資金を「借入金」と呼び、これが40万円であることがわかります。

　このように、右側に表示されるのは資金の調達先ですので、ここでは実際のお金などの形で表示されているわけではありません。どこから来たのかという出身地が表示されています。

　一方、左側（借方といいます）には、調達した資金が今現在、どのような形で法人のなかに存在しているのかを表示します。この図表の場合は、出資者から調達した60万円と金融機関から調達した40万円の計100万円を現金で保有していることがわかります。

❷経営資本の投下

　次に、現金の100万円を実際に事業に投下し始めたときのことを考えてみましょう。現金100万円を使って、①45万円の備品を購入し、②20万円の給料を支払い、③10万円の食材を購入し、最後に残った④25万円を預金に預けたとします。この段階での貸借対照表は**図表1-2-3**のようになります（給料については通常、貸借対照表に載らずにすぐに損益計算になりますが、ここではイメージとして、「労働力」という形で載せることにしています）。

　出資者から60万円、金融機関から40万円調達したという、資金の調達先は変わっていないため、右側は変わりません。この100万円の運用の形態が変わったことで、左側のみが変わることになります。なお、左側の合計は100万円、右側の合計も100万円です。

【図表1-2-3】貸借対照表②（単位：万円）

貸借対照表

預金　25	借入金　40
食材　10	
労働力　20	
備品　45	資本金　60

3 サービスの提供と請求

　投下した10万円の食材と20万円の労働力を使って、サービスを提供したとします。これらの投下した資本を回収しなければならないため、これら計30万円の投下に対して、利益を確保しなければなりません。ここでは提供したサービスについて15万円の利益を見込んで、45万円の請求を行ったとします。

　この時点で投下した30万円はこの法人からはなくなり、代わりに45万円の貨幣を受け取る権利が発生します。このときの貸借対照表は**図表1-2-4**の通りです。

　15万円の純利益も資金の調達源泉に当たります。すでに調達源泉として右側に載っていた40万円と60万円に加えて、サービス提供による15万円の純利益が表示されます。一方、左側では食材10万円と労働力20万円が消えて、貨幣を回収する権利として売掛金が45万円と表示されました。これで左側の合計が115万円、右側

【図表1-2-4】貸借対照表③（単位：万円）

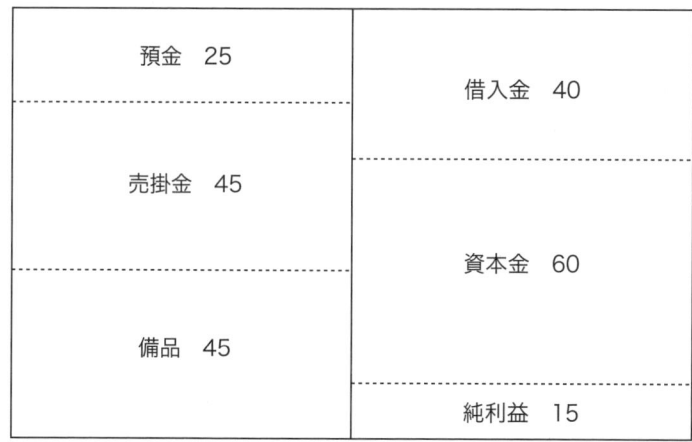

の合計も115万円になりました。

　ここまでの流れからわかるように、左側の合計と右側の合計は常に同じ金額になります。貸借対照表が「バランスシート」と呼ばれるのは、このように常に左右が同じになってバランスがとれていることからきています。

　なお、後述しますが、このサービスを提供して対価を受け取る権利が発生した時点で、「45万円の収益が発生した」といいます。また、この収益を獲得するために費やした食材と労働力の30万円は、この時点で「費用になった」といいます。

◢ 貨幣の回収

　最後に、サービスの提供によって請求した45万円が預金に振り込まれたとしましょう。売掛金の回収を行った状態です。このとき

貨幣を受け取る権利である売掛金45万円がなくなり、預金に変わります。これにより、預金は元あった25万円にこの45万円が加わり、70万円となりました。このときの貸借対照表は**図表1-2-5**のようになります。

【図表1-2-5】貸借対照表④（単位：万円）

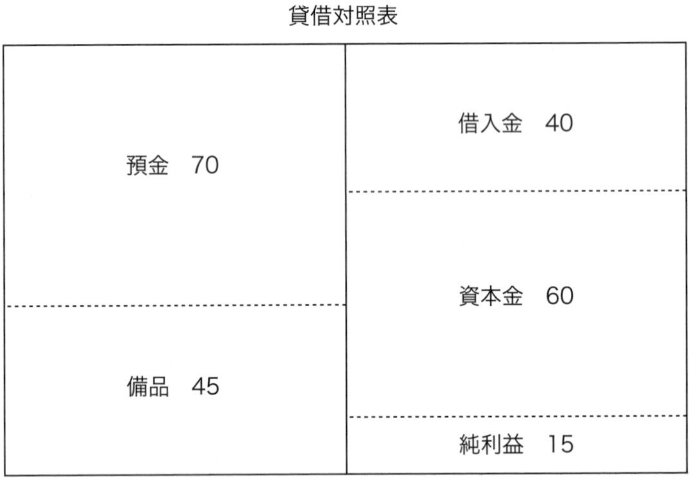

貸借対照表

預金　70	借入金　40
	資本金　60
備品　45	純利益　15

　この場合も❷の場合と同様、調達源泉は変わっておらず、投下したあとの経営資本の形が変わるだけになります。したがって、右側の数字は変わらず、左側の内訳が変わることになります。このとき、左側も右側も合計は115万円で変わりません。
　法人はこのあと、預金の70万円を新たな経営資本として投下し、さらなる利益を見込んで活動していくことになります。あとはここで見てきたようなサイクルを繰り返すことになります。

　ここまで、法人の活動を図示した**図表1-1-1**に沿って、それぞれ

の場面で貸借対照表がどのように変わっていくのかを考えてみました。次に、この貸借対照表の左側と右側に分けて、もう少しだけ詳しく見てみましょう。

（2）資産とは

　貸借対照表の左側、すなわち借方に表示されているものは、ある一時点における経営資本の運用形態、すなわち貨幣を法人経営の流れのなかでどのようなものに投下しているかを表したものだと説明しました。これを資産といいます。

　先に挙げた例では、左側には現金、預金、売掛金、食材、労働力、設備などが表示されました。これらは法人の活動のなかで循環している経営資本の一形態ということになります。

　これらの資産は、貸借対照表のなかで無作為な順序や金額で表示されているわけではありません。その配置や金額の評価方法にはルールがあります。このルールについても見ていきましょう。

❶配置について

　簡潔に説明すると、資産は貸借対照表上において、貨幣として回収するまでの期間が短い順で配置されます。すなわち、現金や預金など貨幣そのものが最初に表示されます。次に、現預金として回収される1つ前の段階である売掛金や未収入金などが表示されます。さらに食材などの棚卸資産などが表示され、後半では設備など時間をかけて営業活動に貢献する資産が表示されることになっています。

　これらを、貸借対照表上では大きく、「流動資産」「固定資産」「繰延資産」という3つに分類して順に表示することになっています。流動資産は比較的短期間で現預金として回収されるものや費用とな

るものを指します。固定資産は比較的長期間かけて現預金として回収されるものや経営活動に使用するものです。

　ここでいう短期間か長期間の区別については、12ページで説明したような営業の循環の期間か1年間のどちらか長いほうにする基準が用いられます。介護事業の場合、通常は営業の循環期間が短いため、1年間という基準で考えてよいでしょう。1年以内に現預金として回収されたり、1年以内に費用になる予定のものが流動資産であり、1年後以降に回収されたり費用になったりする予定のものが固定資産ということになります。なお、繰延資産とは、すでにサービスの提供を受けたものの、そのサービスの効果が翌期以降も持続するものをいいます。

　この内容からわかる通り、一般的に、流動資産の比率が高い法人は、現預金として早期回収できる金額が多いということになり、流動性があるといわれます。流動性がある法人は、必要となる支払いに対応しやすいということになり、倒産等のリスクが少ないということになります。逆に、固定資産の比率が高い法人は現預金として早期回収できる資産が少ないということになり、流動性が低く、緊急で支払いの必要が出たときなどに対応する力が低いといえます。ただ、固定資産は長期的に法人の運営に使用される資産ですので、長期的な運営や成長のためには不可欠で、逆にいえば、この固定資産が安定した経営を支えていくケースもあります。そのため金額や比率だけでなく内容を確認する必要があります。

　一般的に介護事業の場合は、製造業などと比べて設備投資が少ないため、固定資産が少なく流動資産が多いという特徴はありますが、介護事業のなかでも施設系のサービスを提供する法人は建物等の固定資産が多く、逆に訪問系のサービスを提供する法人は固定資産が少ない傾向があります。

2 評価方法について

　貸借対照表に表示する資産をどのような金額で表示するかもとても重要です。資産をはじめとして、財務諸表で表示する各項目に金額をつけることを評価といいます。

　通常、貸借対照表で表示される資産は、現預金で回収されることが決まっているものはその回収される金額によって評価され、その他の今後費用になっていく資産については取得価額によって評価されます。取得価額とはすなわち、購入したときの金額のことです。したがって、前述した食材や労働力、備品などは、支払ったときの金額で表示されるものであって、その後、獲得できると思われる収益の金額などを表すものではありません。

　また、いわゆる時価が変動するような資産を保有していても、貸借対照表上では購入したときの金額で表示されます。たとえば土地を保有していたような場合でも、購入したときの金額で表示され、長期間保有しているときなどは、現在の時価と離れた金額で表示されている場合もあります。

　このように、資産の金額は今、法人が保有している資産を売却したときに得られるであろう金額を表示しているわけではなく、あくまでも購入したときの金額で表示されているということに注意しなければなりません。

(3) 負債とは

　次に、貸借対照表の右側、すなわち貸方に表示されているものを見ていきましょう。貸借対照表の右側には資金の調達源泉が表示されていることは説明しました。

　調達源泉は、前述した通り大きく2つに分類されます。1つは出

資者すなわち法人のオーナーからの資金調達、もう１つは金融機関等の外部の関係者からの資金調達です。このうち、出資者からの資金調達については純資産として表示されます。負債とは、もう１つの資金調達先である外部の関係者からの資金調達を表したものです。

❶負債の種類と性質について

　負債は外部からの資金調達です。金融機関からの借り入れという形で貨幣そのものを調達する場合もありますが、この他、食材を購入したり備品を購入したりしながら支払いを待ってもらう場合も、すぐに支払いをする場合に比べて、一時的に他のことに貨幣を使うことができる面から、一種の資金調達と考えることもできます。

　これらは主に法律上の債務ということになります。すなわち、金融機関からの借り入れや、仕入先への未払金・支払手形などがこれに当たるわけですが、これらはすべていずれかの段階で返済や支払いをしなければならないものです。このように返済や支払いが必要であるという点が負債の主な特徴といえます。

　したがって、貸借対照表で負債の多い法人は、今後返済や支払いをする義務を負っている金額が多いということになります。

❷配置・評価について

　負債も、資産と同様、流動負債と固定負債という２つに分けた表示が行われます。これらを分ける基準も資産と同様であり、法人の主目的となる営業活動から生じた債務や１年以内に支払期限が到来するものが流動負債であり、１年を超えて支払期限が到来するものが固定負債ということになります。

　負債の場合は、資産の場合と逆の考え方ができ、流動負債の割合が高ければそれだけ支払期限の近いものが多いことになり、その法

人にとっては資金繰り面で対応が必要になります。逆に固定負債の割合が高い場合は、長期間にわたって返済していくことが可能であり、安定した経営ができることを表します。

なお、負債の場合は、契約によって支払額が決まっており価値の変動などもないため、特に評価の問題は発生しません。

（4）純資産とは

もう1つの資金の調達源泉である出資者からの資金調達は、貸借対照表では純資産として表示されます。

先に挙げた側で資本金として表示されていた60万円がこの純資産に当たります。純資産は負債とは異なり、返済の必要がありません。事業の規模を縮小するために減資として資本金の一部を払い戻すこともありますが、基本的には法人にとって安定した調達源泉であるといえます。

純資産を構成する主な要素には、このような当初の出資分である資本金に加えて、純利益というものがあります。先の例では15万円の純利益として資本金の下に表示しました。これも純資産に含まれます。これら純資産の構成要素は、資本金が木に、そして純利益がその木から実った果実にたとえられることがあります。

株式会社の場合などは、出資に対して純利益の累積分のなかから配当を支払うことがありますが、それも利益によって支払金額が調整されるものであり、基本的には前述した通り返済の必要がなく、負債に比べて安定した調達源であるといえます。このことから、貸借対照表全体から、負債と純資産の割合を見たとき、負債の割合が大きければ比較的不安定な財政状態であり、逆に純資産の割合が大きければ比較的安定した財政状態であると判断することができます。

3 介護事業者のための やさしい損益計算書の見方

(1) 損益計算書の意義

　法人の経営成績は、その期間において法人が利益を追求した結果、得られた成果である収益と、その収益を得るために費やされたものである費用との比較によって計算され、収益が費用よりも大きければ純利益があったことになり、費用のほうが収益よりも大きければ、純損失があったことになります。

　先に挙げた例では、費用として45万円を費やし60万円の収益を得たとしました。この場合の利益は15万円ということになります。ところで、実際の法人の活動では、このようなシンプルな収益や費用だけでなく、さまざまな種類の収益や費用があります。これらをすべて網羅するため、損益計算書は**図表1-3-1**のようなひな形によって作成されます。

　このひな形を見るとわかる通り、途中の段階でいくつもの種類の「利益（損失）」が出てきています。まず、Ⅰの「売上高」からⅡの「売上原価」を差し引いた時点で「売上総利益（損失）」が表示され、そこからさらにⅢの「販売費及び一般管理費」を差し引いた時点で「営業利益（損失）」が表示されます。その後、「経常利益（損失）」「税引前当期純利益（損失）」「当期純利益（損失）」と続きます。

　それぞれの利益の意味について、見ていきましょう。

【図表1-3-1】損益計算書のひな形

損 益 計 算 書
平成○○年○○月○○日から平成●●年●●月●●日まで

Ⅰ	売上高		××××
Ⅱ	売上原価		××××
	売上総利益（損失）		××××
Ⅲ	販売費及び一般管理費		
		××××	
		××××	××××
	営業利益（損失）		××××
Ⅳ	営業外収益		
		××××	
		××××	××××
Ⅴ	営業外費用		
		××××	
		××××	××××
	経常利益（損失）		××××
Ⅵ	特別利益		
		××××	
		××××	××××
Ⅶ	特別損失		
		××××	
		××××	××××
	税引前当期純利益（損失）		××××
Ⅷ	法人税等		××××
	当期純利益（損失）		××××

（2）利益の種類

■1 売上総利益（損失）

損益計算書の最初に表示されるのは売上高です。これは、その法人の本来の業務から生まれる収益です。介護事業の場合、介護サービスを提供することによって得られる介護報酬や利用者負担金がこれに当たります。

この売上高の計上において注意すべきことは、その損益計算書を作成する期間（通常は1年間）に入金した金額ではないということです。その期間中に実際に提供したサービスに対する収益を計上し

なければなりません。たとえば、3月決算の法人である場合、2月に提供したサービス分の売上については、利用者負担分は通常決算期の3月までに入金されますが、介護報酬は4月に入金されます。

また、3月に提供したサービス分の売上は、利用者負担分も介護報酬も4月以降に入金されます。このように、決算書を作成する3月末の時点ではこれらの売上分の入金はされていませんが、サービスの提供は終わっているため、売上高として計上することになります。

次に、この売上高から売上原価を差し引いて売上総利益が計算されます。売上総利益は粗利(あらり)などとも呼ばれます。このとき、売上高よりも売上原価のほうが大きければ、差し引いた金額は売上総損失となります。

売上原価とは、商品を仕入れて販売するような業種や製品を製造して販売するような業種の場合、その商品や製品の原価のことをいいます。介護事業の場合、商品を仕入れて販売したり、製品を製造したりするような業種ではないため、この売上原価が計上されることはあまりありません。したがって、この場合、売上高と売上総利益は同額ということになります。ただし、デイサービスなどの施設系サービスを提供している場合、利用者に提供する食事の材料代を売上原価として計上することがあります。また、グループホームなどの、利用者が施設で生活をされているようなサービスの場合、生活する施設の光熱費などもこの売上原価として計上することがあります。

❷営業利益(損失)

❶売上総利益(損失)から販売費及び一般管理費を差し引いて計算される利益が営業利益(損失)です。このときも、売上総利益(損

失）よりも販売費及び一般管理費のほうが大きければ、差し引いた金額は営業損失となります。

　販売費及び一般管理費とは、法人の販売活動や一般管理活動のために生じた費用ということになります。一般的には経費などと呼ばれたりします。役員報酬や職員の給料、チラシやホームページなどを利用した場合の広告宣伝費や、電話代などの通信費、送迎のために利用したガソリン代、コピー用紙などの文具を購入したときに計上する事務用品費などがこの販売費及び一般管理費に含まれます。

　ここまでに計上した売上原価や販売費及び一般管理費は、その法人の本来の営業活動から生じた費用ということになります。このことから、売上高からこれらの費用を差し引いて計算された営業利益（損失）は、その法人の本来の営業活動から生み出された利益ということになります。この営業利益が多い法人は、本業である介護事業によって利益を生み出しているということになります。

3 経常利益（損失）

　法人を営業していると、本業による収益や費用以外にも収益や費用が発生することがあります。これらを営業外収益や営業外費用といいます。営業利益（損失）に営業外収益を加え、営業外費用を差し引いて計算される利益（損失）が経常利益（損失）です。

　営業外収益の例としては、預金などで発生する利息や出資に対する配当金などの金融上の収益が挙げられます。施設に自動販売機を設置している場合の受取手数料なども営業外収益として計上することがあります。一方、営業外費用の例としては、借入に対して支払う利息があります。

　このように、営業外収益や営業外費用はその法人の本来の営業活動から生じる収益や費用ではありませんが、日常的に発生する収益

や費用ということになります。したがって、これらの要素から計算される経常利益（損失）は、その法人の日常的な活動から生み出された利益（損失）ということになります。

　本来の営業活動を含めて日常的に利益が出ているかどうかは、その法人の活動を評価するうえでとても重要であり、金融機関などがその法人を評価する際には、本業による利益（損失）である営業利益（損失）に加えて、この経常利益（損失）が重視されるといわれます。

4 税引前当期純利益（損失）

　すでに説明してきたような収益や費用の他にも、突発的な特殊事情により利益を得たり損失が発生したりする場合があります。たとえば、火災・風水害による損失が代表的な例といえるでしょう。また、固定資産はもともと、長期間使用することを前提としているため、これを廃棄したり売却したりすることは毎年継続して行われるようなことではありません。そのため、固定資産を廃棄することによって生じる除却損や、売却することによって生じる売却益や売却損も、突発的な事情により生じる利益や損失といえます。

　このような経常的でない利益や損失は、特別利益や特別損失と呼ばれ、経常利益のあとに表示されます。経常利益からこの特別利益と特別損失を加減して税引前当期純利益（損失）が計算されます。税引前当期純利益（損失）は、その法人の通常の活動による損益だけでなく、その期間に突発的に発生した事柄も含めて包括的な利益（損失）を表したものです。

5 当期純利益（損失）

　最後に、税引前当期純利益をベースにして法人税等が計算されます。法人はその活動によって得た利益から、法人税・住民税（都道

府県民税・市町村民税)・事業税等を納付する義務を負います。これらの税金を法人税等として最後に表示し、これを税引前当期純利益（損失）から控除した金額が当期純利益（損失）です。当期純利益（損失）はその期間中にその法人に発生したすべての収益と費用を含めて計算された損益です。

　このように、損益計算書には複数の段階を経て利益（損失）が計算されます。まず経常的な利益（損失）が計算され、そのあとに特殊事情による損益を加味して包括的な利益（損失）が計算されるわけですが、このような形になっていることによって、同じ法人での他の期間との比較や、別の法人との比較がしやすいようになっています。

4 介護事業では資金繰りが大切
〜キャッシュフローとは何か

(1) 介護事業における資金繰り

　前項では貸借対照表や損益計算書の見方について説明しました。ここでは、資金繰りについて説明します。資金繰りに関するものとしては、キャッシュフロー計算書や資金繰り表などがあります。

　貸借対照表では会社の財産状態を、損益計算書では会社の経営成績を把握できます。会社は利益を上げ、よい経営成績を残し、前期よりも財産を増加させることが理想的だと思います。

　損益計算書では収益、費用を集計して利益を計算しますが、会計上はお金（キャッシュ）の入出金に関係なく利益の計算が行われるため、通常は利益の金額とキャッシュの増加額は一致しません。

　昔から、「勘定合って銭足らず」といわれますが、いくら利益が出てもキャッシュがなければ倒産してしまいます。

　繰り返しになりますが、損益計算書で計上される利益はキャッシュとして手元にあるわけではありません。特に介護事業の場合には、国民健康保険団体連合会（国保連）からの介護報酬の入金が2か月遅れになります。たとえば1月分の介護報酬は、損益計算書の1月分の売上高に計上されますが、実際の入金は3月の27日前後になりますから、キャッシュとしての入金とはズレが生じることになるわけです。

（2）1年間のキャッシュの流れを表すキャッシュフロー計算書

まず、キャッシュフロー計算書について説明します。**図表1-4-1**を参考にしてください。

【図表1-4-1】キャッシュフロー計算書

（間接法）

平成○年○月○日～平成○年○月○日

Ⅰ 営業活動によるキャッシュフロー	
当期純利益	×××
減価償却費	×××
売上債権の増減額	×××
棚卸資産の増減額	×××
仕入債務の増減額	×××
利息の支払額	×××
法人税等の支払額	×××
Ⅰ 営業活動によるキャッシュフロー合計	×××
Ⅱ 投資活動によるキャッシュフロー	
有形固定資産の売却による収入	×××
有形固定資産の取得による支出	×××
Ⅱ 投資活動によるキャッシュフロー合計	×××
Ⅲ 財務活動によるキャッシュフロー	
短期借入れによる収入	×××
短期借入金の返済による支出	×××
長期借入れによる収入	×××
長期借入金の返済による支出	×××
Ⅲ 財務活動によるキャッシュフロー合計	×××
Ⅳ 現金及び現金同等物の増減額	×××
Ⅴ 現金及び現金同等物の期首残高	×××
Ⅵ 現金及び現金同等物の期末残高	×××

（直接法）

平成○年○月○日～平成○年○月○日

Ⅰ 営業活動によるキャッシュフロー	
営業収入	×××
原材料又は商品の仕入支出	×××

人件費支出	×××
その他の営業支出	×××
利息の支払額	×××
法人税等の支払額	×××
Ⅰ営業活動によるキャッシュフロー合計	×××

※「Ⅱ投資活動によるキャッシュフロー」以降は間接法と同じ

キャッシュフロー計算書は、会社の活動を「営業」「投資」「財務」の3つに区分し、それぞれの収支を表示して、キャッシュの増減の原因と結果を示したものです。

1 間接法と直接法

キャッシュフロー計算書の作成方法には間接法と直接法があります。この作成方法の違いは営業キャッシュフローの部分の差異で、投資・財務キャッシュフロー部分の表示方法は同じです。

間接法は、現金商売であれば当期純利益はキャッシュの増加額であることから、その当期純利益に会計的な調整項目を加減算して、キャッシュの増減額を計算する方法です。なお、会計的な調整を行うため、会計知識がないとわかりづらいと思います。

直接法は、実際の営業収入から営業支出や人件費を差し引いてキャッシュの増減額を計算する方法です。この方法だと収入と支出を総額で表示するため、イメージしやすいと思います。

2 営業活動によるキャッシュフロー

営業活動によるキャッシュフローは、営業活動からどれだけキャッシュを得られたかを表しています。

なお、減価償却費は資金の流出のない費用であり、同額のキャッシュを増加させる効果があるため、当期純利益に加算します。

営業活動によるキャッシュフローはプラスになるのが大前提です。また、キャッシュフローがプラスになっただけでなく、前期と比較してよりキャッシュがプラスになっていれば理想的です。

　営業キャッシュフローがマイナスになるということは、会社の営業活動においてキャッシュを生み出せなかったということであり、もし借入金の返済があるのなら、その返済もできないことになり資金繰りに困ってしまいます。

　営業キャッシュフローがマイナスになり、その状態が長年続くようであれば倒産の方向に向かってしまいますから、事業自体の見直しが必要です。

❸投資活動によるキャッシュフロー

　投資活動によるキャッシュフローは、将来のためにどのような分野にどれだけお金を使ったかを表しており、有価証券の売却、有形固定資産の売却、貸付金の回収などによる収入と、有価証券の取得、有形固定資産の取得、金銭の貸付けなどによる支出を記載します。

　たとえば、施設の増設などの積極的な投資活動を行っているのであれば、投資キャッシュフローはマイナスになります。また投資キャッシュフローがプラスならば業績不振のために不要な資産の売却等で資産のリストラを行っていることになります。

❹財務活動によるキャッシュフロー

　財務活動によるキャッシュフローは、どれだけお金を借りて、返したかを表しており、営業活動や投資活動から生じたキャッシュの過不足を借入金でどのように調整しているかがわかります。同じ借入金でも、営業活動のマイナスの補てんなのか投資活動を行うためのものなのかで随分意味が異なってきます。会社の最終的な資金繰

り状況を読み取る必要があります。

(3) 現金預金の流れをつかむ資金繰り表

2つ目の資金表として、資金繰り表を説明します。

キャッシュフロー計算書は1年間のキャッシュの流れを表していますが、現金預金そのものの動きを随時追いかけているわけではないため、その都度の現金預金の流れは把握できません。現金預金の流れをつかむためには、**図表1-4-2**のような資金繰り表を作成する必要があります。

【図表1-4-2】資金繰り表

		○月	○月	○月	○月	○月	○月
①前月繰越							
収入	介護報酬収入						
	利用料収入						
	雑収入						
	その他						
	②収入合計						
支出	人件費						
	一般管理費						
	支払利息						
	その他						
	③支出合計						
④経常収支差額(②-③)							
財務収入	借入金						
	その他						
	⑤財務収入合計						

財務支出	借入金返済						
	設備投資						
	その他						
	⑥財務支出合計						
⑦財務収支差額（⑤−⑥）							
⑧収支差額（④+⑦）							
⑨次月繰越（①+⑧）							

　このような年間の資金繰り表を会社内部で作成することにより、現金預金の流れが把握できます。

　また、資金的に切迫している会社は、**図表1-4-3**のような簡易資金繰り表を作成しておきます。この表は入金や出金のタイミングと金額を把握するのに役立ちますし、資金がショートするタイミングも日ベースで把握することができます。

【図表1-4-3】簡易資金繰り表（簡単な記載例）

4　月				
日　付	摘　要	入　金	出　金	残　高
	前月繰越			3,870,000
5日	電話代		12,000	3,858,000
10日	利用者様より（持参分・振込分）	849,000		4,707,000
10日	源泉所得税・住民税支払		91,000	4,616,000
15日	水道代		137,000	4,479,000
27日	国保連合会（介護給付費）	4,725,000		9,204,000
27日	保険料		48,000	9,156,000
30日	給与（差引後支給額）		2,220,000	6,936,000
31日	電気代		120,000	6,816,000
31日	社会保険料		582,000	6,234,000
31日	月末振込		925,000	5,309,000
31日	地代家賃		250,000	5,059,000
31日	借入返済（利息含む）		725,000	4,334,000
	入出金/当月収支尻	5,574,000	5,110,000	464,000

5 月				
日付	摘要	入金	出金	残高
	前月繰越			4,334,000
5日	電話代		15,000	4,319,000
10日	利用者様より（持参分・振込分）	815,000		5,134,000
10日	源泉所得税・住民税支払		90,000	5,044,000
27日	国保連合会（介護給付費）	4,630,000		9,674,000
27日	保険料		48,000	9,626,000
30日	給与（差引後支給額）		2,278,000	7,348,000
31日	電気代		102,000	7,246,000
31日	社会保険料		582,000	6,664,000
31日	地代家賃		250,000	6,414,000
31日	月末振込		890,000	5,524,000
31日	借入返済（利息含む）		724,000	4,800,000
	入出金/当月収支尻	5,445,000	4,979,000	466,000

　介護事業者の場合、現金商売ではありません。最初に述べたように、一般企業でいうところの売掛金、つまり国保連からの介護報酬の入金が2か月遅れになります。したがって、介護報酬の入金があるまでの間の職員の給料手当や食材費、外注費、その他の一般管理費を支払うためのお金が必要になります。

　このように介護事業を行っていくうえで、介護報酬の入金と、必要となる諸経費の支払いとのタイムラグを埋めるための資金が必要になります。この資金のことを運転資金といいます。この運転資金の調達を自己資金で賄えれば問題ありませんが、賄えない場合は金融機関から調達することも考えられます。

5 会計をしっかりと行う意味

(1) 経営計画

1 収入計画の立案

　介護事業者の売上である介護報酬の金額（単位）は、介護保険の制度設計に委ねられていることもあり、一般の事業者のように売上高対前年10％アップといったような収入計画は立てにくいといえます。もちろん、介護報酬改定時に平均○％アップと報道されることもありますが、経営計画を策定するうえでは実際の加算項目により収入計画を立てることになります。逆に人件費については、毎期同額というわけにはいかず定期昇給やベースアップなどを考慮しなければならないため、自然増となってしまうこともあります。

　まず収入計画から見ていきましょう。デイサービス（小規模型通所介護／5～7時間）の場合を考えてみます。

【図表1-5-1】収入計画

要介護度	人数	割合	単位（日）	月額合計	備考
要支援1			(月) 2,115	105,750	2,115*週5人
要支援2			(月) 4,236	211,800	4,236*週5人
要介護1	3		705	465,300	
要介護2	4		831	731,280	
要介護3	4		957	842,160	
要介護4	2		1,082	476,080	
要介護5	0		1,208	0	
合計	13	100%		2,832,370	

　図表1-5-1の月額合計2,832,370円は稼働率100％の場合ですか

ら、当初から半年程度は稼働率50％、それ以降は80％程度として計算すればよいと思います。なおこれ以外にも、食事費の収入の見積りや、施設系介護事業については、家賃、水道光熱費、管理費などの収入の見積りを行います。

❷ 人件費計画の立案

次に人件費計画を作成してみます(図表1-5-2)。

人員配置基準を考慮したうえで、毎月の給料、賞与および法定福利費を計算します。

【図表1-5-2】人件費計画

職種	人数	月額/人	合計	年間賞与	総合計	備考
管理者	1	335,000	335,000		4,020,000	
生活相談員	1	180,000	180,000	360,000	2,520,000	
看護職員	1	221,000	221,000	442,000	3,094,000	
介護職員	1	160,000	160,000	320,000	2,240,000	
パート職員	1	128,000	128,000		1,536,000	@800*8h
厨房職員	1	128,000	128,000		1,536,000	@800*8h
小計	6	1,152,000	1,152,000	1,122,000	14,946,000	
法定福利費	16%	184,320	184,320	179,520	2,391,360	
合計		1,336,320	1,336,320	1,301,520	17,337,360	

❸ 経費計画の立案

経費計画については、食材費は利用者人数に応じて計上し、また、それ以外の経費については毎月定額で発生するものがほとんどですので、発生予定額を計上すればよいと思います。

経営計画を作成したあとは、毎月試算表で予算と実績を比較検討します(予実対比)。当月実績や当月までの累計実績について予実対比を行うことにより、稼働率や収入管理、人件費率の管理、経費の管理を行います。さまざまな視点から現状を分析し、必要に応じて計画の修正を行います。

（2）資金調達

❶資金の調達先

　資金の調達先については、日本政策金融公庫や福祉医療機構などの公的金融機関と、銀行・信用金庫・信用組合などの民間金融機関があります。

　公的金融機関は、政府が出資して政策の一環として融資を行い、民間の金融機関よりも比較的審査が緩く、比較的低利で、長期間の返済が可能であることに特徴があります。また、公的金融機関はさまざまな制度融資を行っており、融資のメニューも豊富に揃っています。

　民間金融機関は、日頃お金を預けたり、引き出したりしているため融資の申し込み先としては身近な存在です。なお、メインバンクに融資を申し込んで断られた場合を想定して、複数の金融機関と取引しておくほうがよいと思います。

❷運転資金と設備資金

　資金は、運転資金（決算賞与資金を含む）と設備資金に分類されます。

　運転資金については、「いつ必要なのか（時期）」「何のために必要なのか（理由）」「いくら必要なのか（金額）」「なぜ必要になったのか（原因）」を金融機関から聞かれます。また、「いつ、何により返済できるのか（返済財源）」を説明しなければなりません。

　設備資金についても運転資金と同様の内容を金融機関から聞かれます。つまり、設備投資の目的や必要性、内容、返済財源などです。

　会社が作成した資金繰り表により、ある一定の時点で運転資金が必要な場合には金融機関に対して、1か月以上前に融資の申し込み

をしましょう。

❸融資の申し込み方法

　金融機関に融資を申し込む場合には、一般的に前期の財務諸表や融資申し込み直前の月の試算表（貸借対照表と損益計算書）が必要です。試算表は毎月作成するのが普通ですが、毎日の現場の運営に追われて経理の伝票処理がおろそかになっている会社があります。そういう会社は日頃、自分の会社の経営成績に無関心な場合が多く、いざ金融機関に融資を申し込んでも試算表がないため、融資の実行が遅くなってしまう可能性があります。

(3) 事業譲渡

　事業譲渡とは、事業の全部または一部を他の法人に譲り渡すことです。事業そのものを譲り渡すと同時に備品や車両などの資産も個別に譲渡します。介護事業の事業譲渡については、その対象となる介護事業の介護福祉士、介護職員などの人事や配置、コンプライアンスなどについて精査する必要があります。

　財務の点からは、決算書に記載がある資産や負債の価額が適正であるかどうかをチェックする必要があります。過去3年から5年程度の損益計算書により、利益の推移状況を確認し異常な増減がないかどうかを判断します。また、決算書に載っていない後発事象、たとえば係争事件などがないかを確認します。

(4) 事業再生

　事業再生の場面においても、貸借対照表、損益計算書、キャッシュ

フロー計算書の分析が重要になります。

　まず損益計算書をみて、その介護事業がどのような収益構造になっているかを確認します。次に、キャッシュフロー計算書でキャッシュが残る状況になっているかを確認します。最後に貸借対照表で、資産を把握して、介護事業のどこの部分を見直し、負債の圧縮が可能かどうかを分析します。

　損益計算書をみるポイントは、まず営業利益が出ているかどうかです。売上高から売上原価を差し引いた売上総利益から販売費及び一般管理費を差し引いて利益（営業利益）が出ていれば、再生が容易でしょう。

　キャッシュフロー計算書では、キャッシュの収支状況を確認します。損益計算書には借入金の元金返済が載っていませんが、キャッシュフロー計算書には、借入金の返済状況の記載があります。損益計算書において利益が出ていても、キャッシュフロー計算書の営業キャッシュフローの範囲内で借入金元金の返済ができないようであれば、借入過多であり資金ショートしてしまいます。

　「今月末の支払いは大丈夫か」「どのタイミングで資金ショートするか」は、前に紹介した簡易資金繰り表（35ページ参照）を作成すれば、容易に確認できます。

　貸借対照表においては、資産と負債の内容を確認します。資産については、不要なものがないか、売却できるものはないかなどを検討し、負債については、借入金の圧縮ができないかを検討します。債務償還年数という指標があり、次の算式で計算します。

$$債務償還年数 = \frac{有利子負債}{営業利益 + 減価償却費}$$

これは、営業利益プラス減価償却費の金額で有利子負債を返済するとして何年で返済できるかを計算するものです。この債務償還年数は10年以内が望ましいとされています。

（5）節税に役立てる

◼︎1 利益がなくても税金は支払う？
　会社の経理処理を行い毎月の試算表（貸借対照表と損益計算書）を作成するのは、月次の収支状況をチェックし、また異常値がないかを調べるためです。介護事業者は当然、利益を上げるべく事業を運営しているはずであり、利益を出せば、その利益に対して法人税、法人住民税、事業税などの税金がかかります。反対に、損失を出せば、法人住民税の均等割は納付が必要ですが、その他の税金はかかりません。会社が毎期利益を出せればよいのですが、損失が出てしまう年度があるかもしれません。
　利益が出た年度に節税をせずに税金を支払ってしまうと、損失が生じた場合に資金が不足してしまうかもしれません。したがって、将来の損失が生じた場合にも備えて極力税金の支払額が少なくなるように節税対策を考えておく必要があります。

◼︎2 正確な収支状況を把握する
　節税対策には、正確な収支状況を把握することが必要になります。正確な収支状況は、経理処理を適正に行うことにより把握することができます。
　また、毎月、試算表を作成し、利益の推移を管理しておかなければ、決算になって多額の納税ということになりかねません。毎月、利益管理をすることにより、事前に決算対策をして節税することが可能

となるのです。節税するためには、予算管理を実行し、四半期ごとに対策を考えます。決算直前3か月には決算検討会を開き、決算の利益を予測し、納税予測から節税対策をして納税の準備までしておきます。

　節税とは税法の範囲内で会社の利益を減らすことをいい、脱税とは税法の範囲を超えて違法に利益を減らすことをいいます。つまり、節税と脱税はまったく相反するものであり、脱税は絶対にしてはいけません。税務調査により脱税が発覚した場合には、本来の税金の他に加算税や延滞税が課されることになります。

　なお、過度の節税は利益を減らしてしまう結果になるため、金融機関からの融資が受けにくくなることも予想されます。

　よく「税金を支払うくらいなら、何かを買おう」という方がいらっしゃいますが、その購入するものが無駄なものであれば、単なる無駄遣いになり、お金を減らすだけです。税率は100％ではありませんから、もともと購入した金額と同額の税金が安くなるわけではありません。

❸一般的な節税方法

　節税は上手に行うことによりキャッシュフローの改善にもつながります。この本は節税対策本ではありませんが、一般的によく実施されている節税方法を簡単にご紹介します（**図表1-5-3**）。なお、実際に実行される場合には、法令や通達をご覧になるか、税理士等の専門家にご相談ください。

【図表1-5-3】一般的な節税の例

①旅費規程を作成し、出張手当を支給する
　旅費規程を作成したうえで、その規程に基づいて支給しますが、役員従業員間でのバランスが適正であること、同規模・同業他社と比較して相当なものであることが必要です。

②従業員慰安旅行を実施する
　旅行期間が4泊5日（海外旅行の場合には現地滞在日数）以内であって全従業員の50％以上が参加したものです。ただし、不参加者の取り扱いについては注意点がありますが、本書では省略します。

③従業員に決算賞与を支給する
　期末までに支給額を各人別に、かつ、すべての従業員に通知し、その通知の年度末の翌日から1か月以内に支給額のすべてを従業員に支払っていること（損金経理の要件あり）が必要です。

④修繕を実施する
　修繕費とは固定資産の通常の維持および管理のために支出したものや災害により損傷した固定資産を元に戻すために支出したものをいいます。たとえば、通常の外壁の塗り替え、汚れた畳の表替えなどが修繕費に該当します。

⑤消耗品を購入する
　事務用消耗品などで毎期おおむね一定数量を取得し、かつ、経常的に消費するものを、継続適用を条件として購入したときに経費処理することができます。

⑥10万円未満の固定資産を購入する
　購入金額が10万円未満のもの、または使用可能期間が1年未満のものについては、消耗品費として経費処理できます。

⑦短期前払い費用を計上する

継続的に支払うもので1年以内にサービスの提供を受けるものを支払った場合には期間按分（複数の会計期間にまたがる費用を各期へ配分すること）せず、その支払った事業年度に全額経費処理できます。たとえば、保険料、家賃、利息などに適用できます。掛捨ての定期保険に加入して、保険料を年払い契約にして支払うことがあります。

⑧給料や社会保険の未払い分を計上する

たとえば、給料の締日が20日の場合に21日から決算日までの給料については未払計上し経費とすることができます。また、決算月の翌月に納付する社会保険料のうちの会社負担分を経費に計上します。

⑨中古資産を購入する

中古資産は一般的に耐用年数が短くなるため、新品の資産よりも早く償却することができ、初期の節税効果が高くなります。

⑩回収不能になっている売掛金について債権放棄をする

債務者の債務超過が相当期間継続し、売掛金の回収ができないと認められる場合で、その売掛金を放棄した場合には貸倒れ処理が認められます。

⑪固定資産の廃棄処分を行う

不要な固定資産が残っている場合には、その固定資産の廃棄処分をすれば経費処理が認められます。

第2章

介護経営の会計は何が違うのか

1 介護会計とは何か
～「会計の区分」の理解と実践

(1) 介護事業における会計の区分

　介護事業における会計基準、つまり「介護会計」として、「会計の区分」という規定があります。この会計の区分は、許認可事業である介護事業を運営するうえで遵守することが義務づけられている「人員基準」「設備基準」「運営基準」のうちの運営基準のなかで定められている規定であり、つまり実地指導等において行政指導の対象となり得るものです。

　会計の区分は、厚生労働省令第37号「指定居宅サービス等の事業の人員、設備及び運営に関する基準」の第38条で、「許認可サービスごとに経理を区分し、その他の事業と区分しなければならない」とされています（図表2-1-1）。

【図表2-1-1】厚生労働省令第37号「指定居宅サービス等の事業の人員、設備及び運営に関する基準」

>　第38条（会計の区分）
>　指定訪問介護事業者は、指定訪問介護事業所ごとに経理を区分するとともに、指定訪問介護の事業の会計とその他の事業の会計を区分しなければならない。
>
>　～以降、訪問入浴介護、通所介護……等それぞれの項目において準用規定あり～
>　準用規定により、それぞれの介護サービスごとに区分して経理することが求められています。

　介護事業における会計の区分では、介護事業所が複数ある場合に

は拠点ごとに財務諸表を作成し、複数の介護サービスを運営している場合や介護事業以外の事業を行っている場合にはそれぞれを区分して経理する必要があります(**図表2-1-2**)。介護会計基準に従って科目を按分処理(一定の基準で比例計算)することが求められています。

【図表2-1-2】拠点ごとの区分とサービスごとの区分

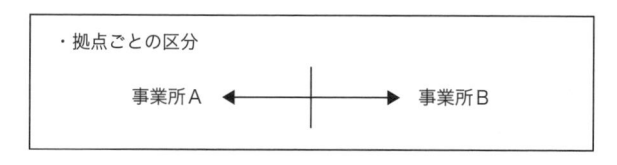

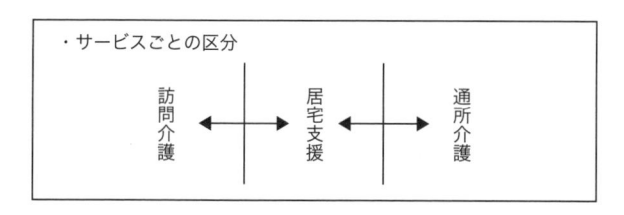

```
・拠点ごとの区分
    事業所A ←――――→ 事業所B

・サービスごとの区分
    訪問介護 ←――→ 居宅支援 ←――→ 通所介護
```

(2) 会計の区分を用いた財務分析の必要性

厚生労働省の通知「介護保険の給付事業における会計の区分について」(老振発第18号)によって、「それぞれの法人等に適用される会計基準等を基本としつつ、その会計基準等とは別に会計処理の段階で事業ごとに区分が必要とされる科目の按分方法を示し、これに基づく按分を行うことにより運営基準を満たすこととする」とされています(**図表2-1-3**)。

これは言い換えると、許認可事業である介護事業者は運営基準によって、介護サービスごとに区分して経理を行う必要があるということになります。

【図表2-1-3】運営基準の求める内容を満たす適切な会計処理方法の例（老振発第18号より抜粋）

ア．会計単位分割方式

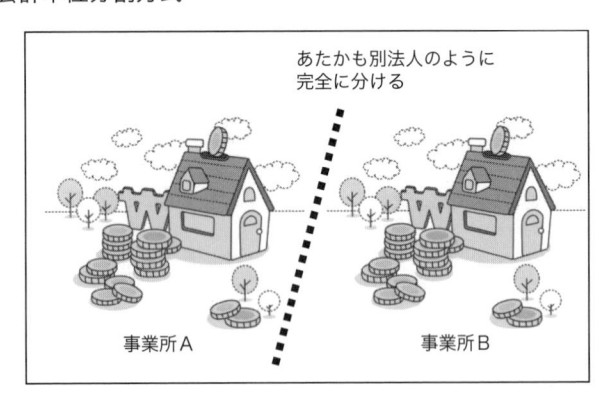

施設あるいは事業所単位ごとの介護サービス事業別にあたかも別法人のようにそれぞれ独立した主要簿（仕訳帳および総勘定元帳）を有するものである。総勘定元帳が事業拠点別となるので収支および損益に関する計算書類（損益計算書・収支計算書・正味財産増減計算書）も貸借対照表とともに事業拠点別に作成されることになる。

イ．本支店会計方式

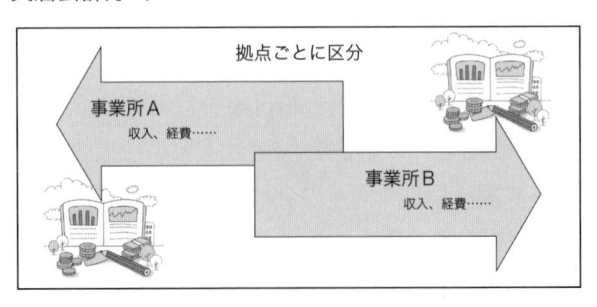

主要簿の一部を事業拠点の単位ごとの介護サービス事業別に分離して会計処理をする。この方法においては、事業拠点の単位で収支および損益に関する計算書類と貸借対照表が作成されるが、貸借対照表の資本の部（純資産の部）については分離せず、いわゆる本店区分だけ存在させる。本部あるいは他の事業拠点間の取引は、本支店勘定（貸借勘定）で処理をする。

ウ．部門補助科目方式

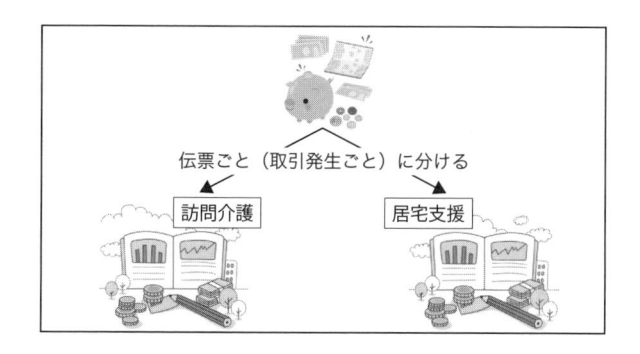

　勘定科目に補助コードを設定し、仕訳時にこの補助コードを記入することにより、介護サービス事業別の数値が集計できるようにする方法である。貸借対照表については介護サービス事業別の区分をしないで、収支および損益に関する計算書を区分することを目的とする方法である。

エ．区分表方式

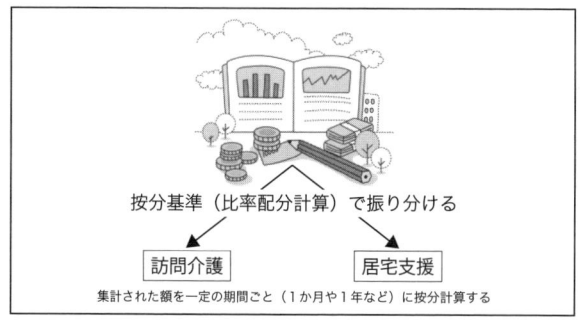

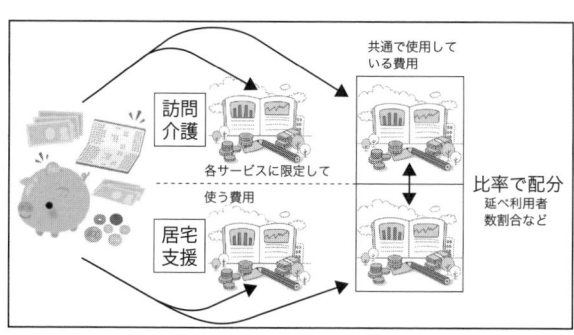

仕訳時に区分しないで、計算書類の数値をそれぞれの科目に応じて按分基準を設け、配
　分表によって介護サービス事業別の結果表を作成する方法である。これは部門補助科目方
　式の簡便法であり、科目の一部に補助コードを設けて仕訳時に処理することも併用される。

　また、同通知のなかで「事業所又は施設単位で経理が区分される
ことを前提としつつ、同一事業者が介護保険の給付対象事業とそれ
以外の事業を行っている場合又は複数の給付対象事業を行っている
場合について、それぞれの事業毎」の区分経理に基づいて按分なら
びに計上の様式が具体的に示されています（**図表2-1-4**）。
　介護事業者の会計の区分は運営基準の遵守という観点から必要な
ことではありますが、経営サイドから見ても、継続的に質の高いサー
ビスを提供し、健全な経営基盤を確立するために必要なことといえ
ます。行政サイドは、介護保険料や報酬の算定の基礎データとして
「公益性」や「効率性」を判断する目的で会計の区分を求めていると
考えられます。同時に、経営サイドからも会計の区分は介護保険と
いう制度ビジネスのなかで継続的に介護サービスを提供するための
適正な運営管理、それぞれのサービスの現場の把握も含めた経営状
況、財政状態の把握のために事業主としての経営責任という観点か
らも重要なことであり、必要に応じて専門家等の利用を通して会計
の区分を用いた正確な財務分析を行うことで経営に役立てていくべ
きです。
　この規定は、前掲の「介護保険の給付事業における会計の区分に
ついて」（老振発第18号）において介護事業を行ううえでの運営に
関する基準として定められており、実地指導等における介護サービ
スごとの自己点検シートや事前提出書類においても記されています。

【図表2-1-4】具体的な勘定科目および按分方法

種類	想定される勘定科目	按分方法
給与費	・介護職員・医師・看護婦給与等の常勤職員給与 ・介護職員・医師・看護婦給与等の非常勤職員給与 ・退職給与引当金繰入 ・法定福利費	勤務時間割合により区分 (困難な場合は次の方法により按分) ・職種別人員配置割合 ・看護・介護職員人員配置割合 ・届出人員割合 ・延利用者数割合
材料費	・介護用品費 ・医薬品費 ・施設療養材料費 ・施設療養消耗器具備品 ・診療材料費 ・医療消耗器具備品費	各事業の消費金額により区分 (困難な場合は次の方法により按分) ・延利用者数割合 ・各事業別収入割合
	給食用材料費	実際食数割合により区分 (困難な場合は次の方法により按分) ・延利用者数割合 ・各事業別収入割合
	その他の材料費	延利用者数割合により按分 (困難な場合は各事業別の収入割合により按分)
経費	・福利厚生費 ・職員被服費	給与費割合により区分 (困難な場合は延利用者数割合により按分)
	・旅費交通費 ・通信費(通信運搬費) ・交際費 ・諸会費 ・雑費 ・渉外費	・延利用者数割合 ・職種別人員配置割合 ・給与費割合
	・消耗品費 ・消耗器具備品費 ・保健衛生費 ・被服費 ・教養娯楽費 ・日用品費 ・広報費	各事業の消費金額により区分 (困難な場合は延利用者数割合により按分)
	車両費	使用高割合により区分 (困難な場合は次の方法により按分) ・送迎利用者数割合 ・延利用者数割合

第2章 介護経営の会計は何が違うのか

		会議費	会議内容により事業個別費として区分 （困難な場合は延利用者数割合により按分）
		光熱水費	メーター等による測定割合により区分 （困難な場合は建物床面積割合により按分）
		修繕費（修繕維持費）	建物修繕は、当該修繕部分により区分、建物修繕以外は事業個別費として按分 （困難な場合は建物床面積割合で按分）
		・賃借料 ・地代家賃等	賃貸物件特にリース物件については、その物件の使用割合により区分 （困難な場合は、建物床面積割合により按分）
		保険料	・建物床面積割合により按分 ・自動車関係は送迎利用者数割合又は使用高割合で、損害保険料等は延利用者数割合により按分
		租税公課	・建物床面積割合により按分 ・自動車関係は送迎利用者数割合又は使用高割合で按分
		保守料	保守契約対象物件の設置場所等に基づき事業個別費として区分 （困難な場合は延利用者数割合により按分）
委託費		委託費（寝具） 　　　（給食） 　　　（その他）	各事業の消費金額により区分 （困難な場合は延利用者数割合により按分） ・延利用者数割合 ・実際食数割合 ・建物床面積割合 ・延利用者数割合
研修費		・謝金 ・図書費 ・旅費交通費 ・研修雑費 ・研究材料費	研修内容等、目的、出席者等の実態に応じて、事業個別費として区分 （困難な場合は、延利用者数割合により按分）

減価償却費	・建物減価償却費 ・建物附属設備減価償却費 ・構築物減価償却費	建物床面積割合により区分 （困難な場合は、延利用者数割合により按分）
	医療用器械備品減価償却費	使用高割合により区分 （困難な場合は、延利用者数割合により按分）
	車両船舶減価償却費	使用高割合により区分 （困難な場合は、延利用者数割合により按分）
	その他の器械備品減価償却費	使用高割合により区分 （困難な場合は、延利用者数割合により按分）
	・その他の有形固定資産減価償却費 ・無形固定資産減価償却費	延利用者数割合により按分
徴収不能額	徴収不能額	各事業の個別発生金額により区分 （困難な場合は各事業別収入割合により按分）
引当金繰入額	・退職給与引当金繰入 ・賞与引当金繰入	給与費割合により区分 （困難な場合は延利用者数割合により按分）
	徴収不能引当金繰入	事業毎の債権金額に引当率を乗じた金額に基づき区分 （困難な場合は、延利用者数割合により按分）
支払利息	支払利息	事業借入目的の借入金に対する期末残高割合により区分 （困難な場合は、次の方法により按分） ・借入金が主として土地建物の取得の場合は建物床面積割合 ・それ以外は、延利用者数割合

出典：「介護保険の給付対象事業における会計の区分について」（老振発第18号、平成13年3月28日、厚生労働省老健局振興課長）

　なお、具体的な科目および按分方法をこの表の通りとしながら、これによりがたい場合は、本通知とは別に実態に即した合理的な方法によることとして差し支えないとされています。なお、会計の区分を行った際に、どのような按分方法を用いて区分したかわかるように記録しておくことが必要であるとされています。

（3）介護保険事業における会計の役割

　介護保険事業における会計の役割は、行政サービスとしてのいわゆる「措置の時代」においては、措置費の収支の明確化が主目的でした。制度改革によって、運営主体が一般の営利法人も参入できるようになったことで、より一層の区分経理の必要性が高まりました。介護老人福祉サービスと、まったく別の一般の営利事業が併存する営利法人も多く存在し、同じ介護老人福祉サービスを行う事業体でも施設運営と居宅系のサービスを併設するケースもあり、事業ごとにきちんと区分して財政状態を把握する必要があります。また拠点ごとに経営実態を把握することで、拠点ごとの運営の効率化についての検討や、共通支出の適正な運営管理も可能となります。さらにサービスごとに損益構造を把握し、効果的な収支改善方策の検討にも役立ちます。

　経営責任としての会計の区分による正確な財務構造の把握と併せ、顧問の会計事務所を含めた会計担当者・経理責任者らの会計の区分に対するその目的と考え方の十分な理解と実践、そして作成された財務諸表を用いて、必要に応じ専門家と協働しての経営計画・事業計画の立案、戦略の策定は介護事業経営の健全な運営を継続的に行っていくうえで必須条件といえます。

　図表2-1-5～7は各介護サービスごとの会計の区分について、**図表2-1-8**は按分方法を記録する際の用紙の参考資料になります。

【図表2-1-5】 福祉系サービス（訪問介護、訪問入浴介護、通所介護、短期入所生活介護、認知症対応型共同生活介護、特定施設入所者生活介護、福祉用具貸与、指定介護老人福祉施設）の参考例

施設名

介護サービス事業別事業活動計算書
自平成　年　月　日　至平成　年　月　日

（単位：円）

勘定科目		合計	介護老人福祉施設	短期入所生活介護	通所介護	訪問介護	その他の事業
事業活動による収支	収入						
	介護福祉施設介護料収入						
	介護報酬収入						
	利用者負担金収入						
	基本食事サービス費収入						
	居宅介護料収入						
	介護報酬収入						
	利用者負担金収入						
	居宅介護支援介護料収入						
	利用者等利用料収入						
	介護福祉施設利用料収入						
	居宅介護サービス利用料収入						
	管理費収入						
	その他の利用料収入						
	その他の事業収入						
	補助金収入						
	市町村特別事業収入						
	受託収入						
	国庫補助金等特別積立金取崩額						
	（介護報酬査定減）						
	事業活動収入計 ①						
	支出	人件費					
		役員報酬					
		職員俸給					
		職員諸手当					
		非常勤職員給与					
		退職金					
		退職共済掛金					
		法定福利費					
		経費支出					
		（直接介護費）					
		給食用材料費					
		介護用品費					
		教養娯楽費					

第2章　介護経営の会計は何が違うのか

57

		医薬品費						
		日用品費						
		被服費						
		消耗器具備品費						
		保健衛生費						
		車輌費						
		光熱水費						
		燃料費						
		本人支給金						
		葬祭費						
		（一般管理費）						
		福利厚生費						
		旅費交通費						
		研修費						
		通信運搬費						
		事務消耗品費						
		印刷製本費						
		広報費						
		会議費						
		修繕費						
		保守料						
		賃借料						
		保険料						
		渉外費						
		諸会費						
		租税公費						
		委託費						
		雑費						
	減価償却費							
	徴収不能額							
	引当金繰入							
		徴収不能引当金繰入						
		賞与引当金繰入						
		退職給与引当金繰入						
	事業活動支出計 ②							
	事業活動収支差額③（①－②）							
事業活動外収支の部	収入	借入金利息補助金収入						
		その他の収入						
		事業活動外収入計 ④						
	支出	借入金利息						
		その他の支出						
		事業活動外支出計 ⑤						
	事業活動外収支差額 ⑥（④－⑤）							
事業収支差額 ⑦（③＋⑥）								

出典：「介護保険の給付対象事業における会計の区分について」（老振発第18号、平成13年3月28日、厚生労働省老健局振興課長）別紙1

【図表2-1-6】 医療系サービス（訪問看護、訪問リハビリテーション、居宅療養管理指導、通所リハビリテーション、短期入所療養介護、介護老人保健施設、指定介護療養型医療施設）の参考例

病院名

介護サービス事業区分損益計算書
自平成　年　月　日　至平成　年　月　日

（単位：円）

	合計	医療保険	介護保険事業				
			計	介護療養型医療施設サービス	短期入所療養介護	通所リハビリテーション	○○介護
【医業損益計算】							
Ⅰ 医業収益							
1 入院診療収益							
2 室料差額収益							
3 外来診療収益							
4 その他の医業収益							
5 保険査定減							
医業収益合計							
Ⅱ 医業費用							
1 給与費							
常勤職員給与							
医師給							
看護職員給							
医療技術員給							
事務員給							
技能労務員給							
支援相談員給							
非常勤職員給与							
退職給与引当金繰入							
法定福利費							
2 材料費							
医薬品費							
給食用材料費							
診療材料費							
医療消耗器具備品費							
3 経費							
福利厚生費							
旅費交通費							
職員被服費							
通信費							
消耗品費							

消耗器具備品費								
車両費								
会議費								
光熱水費								
修繕費								
賃借料								
保険料								
交際費								
諸会費								
租税公課								
徴収不能損失								
雑費								
4 委託費								
委託費								
5 研修費								
研究材料費								
謝金								
図書費								
旅費交通費								
研修雑費								
6 減価償却費								
建物減価償却費								
建物附属設備減価償却費								
構築物減価償却費								
医療用器械備品								
減価償却費								
車両船舶減価償却費								
その他の器械備品								
減価償却費								
その他の有形固定資産								
減価償却費								
無形固定資産減価償却費								
7 本部費								
8 役員報酬								
医業費用合計								
医業利益								
【経常損益計算】								
Ⅲ 医業外収益								
受取利息配当金								
有価証券売却益								
患者外給食収益								
その他の医業外収益								
医業外収益合計								
Ⅳ 医業外費用								
支払利息								

有価証券売却損					
患者外給食用材料費					
診療費減免					
貸倒損失					
雑損失					
医業外費用合計					
経常利益					
【純損益計算】					
Ⅴ 特別利益					
固定資産売却損					
補助金・負担金					
その他の特別損失					
特別利益合計					
Ⅵ 特別損失					
固定資産売却損					
その他の特別損失合計					
特別損失合計					
税引前当期純利益					

注1　介護保険適用の療養病床（短期入所療養介護を含む）の収入については、入院診療収益に表示し、居宅介護サービスについてその他の医業収益に表示する。

注2　介護保険事業ごとの総収益と総費用の差額は、「純損益計算」の欄に記入してください。なお、総費用が総収益を超えた場合は、その金額の頭に▲を付してください。

施設名

介護サービス事業別損益計算書
自 平成　年　月　日　　至 平成　年　月　日

（単位：円）

	合計	介護保健施設サービス	短期入所療養介護	通所リハビリテーション	○○介護
【施設運営事業損益計算】					
Ⅰ 施設運営事業収益					
1 介護保健施設介護料収益					
介護報酬収益					
利用者負担金収益					
基本食事サービス費					
2 居宅介護料収益					
介護報酬収益					
利用者負担金収益					
3 居宅介護支援介護料収益					
4 利用者等利用料収益					
介護保健施設利用料収益					
居宅介護サービス利用料収益					
その他の利用料収益					

5 その他の事業収益 　（介護報酬査定減）					
計					
Ⅱ 施設運営事業費用					
1 給与費					
常勤職員給与					
医師給					
看護婦給					
介護職員給					
支援相談員給					
理学療法士又は作業療法士給					
医療技術員給					
事務員給					
技能労務員給					
非常勤職員給与					
医師給					
看護婦給					
介護職員給					
支援相談員給					
理学療法士又は作業療法士給					
医療技術員給					
事務員給					
技能労務員給					
退職給与引当金繰入					
法定福利費					
2 材料費					
医薬品費					
給食用材料費					
施設療養材料費					
その他の材料費					
施設療養消耗器具備品費					
3 経費					
福利厚生費					
旅費交通費					
職員被服費					
通信費					
消耗品費					
消耗器具備品費					
車両費					
会議費					
光熱水費					
修繕費					
賃借料					
保険料					
交際費					

諸会費					
租税公課					
徴収不能損失					
雑費					
4 委託費					
委託費					
5 研修費					
謝金					
図書費					
旅費交通費					
研修雑費					
6 減価償却費					
建物減価償却費					
建物附属設備減価償却費					
構築物減価償却費					
医療用器械備品減価償却費					
車両船舶備品減価償却費					
その他の器械備品減価償却費					
その他の有形固定資産減価償却費					
無形固定資産減価償却費					
7 本部費					
本部費					
8 役員報酬					
役員報酬					
計					
施設運営事業利益					
（又は施設運営事業損失）					
【経常損益計算】					
Ⅲ 施設運営事業外収益					
1 受取利息配当金					
2 有価証券売却益					
3 利用者等外給食収益					
4 その他の施設運営事業外収益					
計					
Ⅳ 施設運営事業外費用					
1 支払利息					
2 有価証券売却損					
3 利用者等外給食用材料費					
4 貸倒損失					
5 雑損失					
計					
経常利益（又は経常損失）					
【純損益計算】					
Ⅴ 特別利益					
1 固定資産売却益					

2 その他の特別利益					
計					
Ⅵ 特別損失					
1 固定資産売却損					
2 その他の特別損失					
税引前当期純利益					
（又は税引前当期純損失）					
法人税等					
計					
当期純利益（又は当期純損失）					

指定老人訪問看護・指定訪問看護の会計
指定訪問看護事業者名

介護サービス事業区分損益計算書
自平成　年　月　日　至平成　年　月　日

（単位：円）

〔事業損益計算〕	合計	医療保険	介護保険事業			
			計	訪問看護	訪問看護	○○看護
Ⅰ 事業収益						
1 老人訪問看護療養費収益						
2 訪問看護療養費収益						
3 老人訪問看護利用料収益						
老人訪問看護基本利用料収益						
老人訪問看護その他の利用料収益						
長時間利用料収益						
休日、時間外利用料収益						
交通費収益						
その他のサービス利用料収益						
4 訪問看護利用料収益						
老人訪問看護基本利用料収益						
老人訪問看護その他の利用料収益						
長時間利用料収益						
休日、時間外利用料収益						
交通費収益						
その他のサービス利用料収益						
5 その他の事業収益						
合　計						
（老人保健査定減）						
（健康保険等査定減）						
Ⅱ 事業費用						
1 給与費						
常勤職員給与						

　　　　看護婦給
　　　　理学療法士又は作業療法士給
　　　　事務職員給
　　　非常勤職員給与
　　　　看護婦給
　　　　理学療法士又は作業療法士給
　　　　事務員給
　　　退職給与引当金繰入
　　　法定福利費
　２　材料費
　　　指定老人訪問看護・指定訪問
　　　看護材料費
　　　医薬品費
　　　その他の材料費
　　　指定老人訪問看護・指定訪問
　　　看護消耗器具備品費
　３　経費
　　　福利厚生費
　　　旅費交通費
　　　職員被服費
　　　通信費
　　　消耗品費
　　　消耗器具備品費
　　　車両費
　　　会議費
　　　光熱水費
　　　修繕費
　　　賃借料
　　　保険料
　　　交際費
　　　諸会費
　　　租税公課
　　　徴収不能損失
　　　雑費
　４　委託費
　　　委託費
　５　研修費
　　　謝金
　　　図書費
　　　旅費交通費
　　　研修雑費
　６　減価償却費
　　　建物減価償却費
　　　建物附属設備減価償却費
　　　構築物減価償却費

第2章　介護経営の会計は何が違うのか

医療用器械備品減価償却費						
車両船舶備品減価償却費						
その他の器械備品減価償却費						
その他の有形固定資産減価償却費						
無形固定資産減価償却費						
7 本部費						
本部費						
8 役員報酬						
役員報酬						
事業利益（又は事業損失）						
〔経常損益計算〕						
Ⅲ 事業外収益						
1 受取利息配当金						
2 有価証券売却益						
3 職員給食収益						
4 その他の事業外収益						
Ⅳ 事業外費用						
1 支払利息						
2 有価証券売却損						
3 職員給食用材料費						
4 貸倒損失						
5 雑損失						
経常利益（又は経常損失）						
〔純損益計算〕						
Ⅴ 特別利益						
1 固定資産売却益						
2 その他の特別利益						
Ⅵ 特別損失						
1 固定資産売却損						
2 その他の特別損失						
税引前当期純利益						
（又は税引前当期純損失）						
法人税等						
当期純利益（又は当期純損失）						
前期繰越利益（又は前期繰越損失）						
当期未処分利益						
（又は当期未処理損失）						

注1　介護保険の訪問看護費収益、利用料収益は、「Ⅰ 事業収益」の「1 老人訪問看護療養費収益」「3 老人訪問看護利用料収益」に表示する。

注2　介護保険の訪問介護に要する材料費は、「Ⅱ 事業費用」の「2 材料費」に表示する。

注3　介護保険事業ごとの総収益と総費用の差額は、「純損益計算」の欄に記入する。なお、総費用が総収益を超えた場合は、その金額の頭に▲を付ける。

出典：「介護保険の給付対象事業における会計の区分について」（老振発第18号、平成13年3月28日、厚生労働省老健局振興課長）別紙2〜4

【図表2-1-7】特定非営利活動法人の参考例
介護サービス事業区分事業活動計算書
自平成　年　月　日　至平成　年　月　日

指定事業者名

(単位：円)

〔事業損益計算〕	合計	介護保険外の事業	介護保険事業			
			計	指定訪問介護	福祉用具貸与	○○介護
事業活動収入						
入会金収入						
会費収入						
事業収入						
居宅介護料収入						
・						
・						
補助金等収入						
負担金収入						
事業活動収入計						
事業活動支出						
事業費						
給料手当						
臨時雇用賃金						
退職金						
福利厚生費						
旅費交通費						
通信運搬費						
消耗什器備品費						
消耗品費						
修繕費						
印刷製本費						
燃料費						
光熱水料費						
賃借費						
保険料						
諸謝金						
租税公課						
負担金						
助成金支出						
寄付金支出						
委託費						
雑費						
管理費						
役員報酬						
給料手当						
退職金						
福利厚生費						

会議費							
旅費交通費							
通信運搬費							
消耗什器備品費							
消耗品費							
修繕費							
印刷製本費							
燃料費							
光熱水料費							
賃借料							
保険料							
諸謝金							
租税公課							
負担金							
寄付金支出							
支払利息							
雑費							
減価償却費							
建物減価償却額							
車両運搬具減価償却額							
引当金繰入							
退職給与引当金繰入額							
事業活動支出計							
事業活動収支差額							
事業活動外収入							
寄付金収入							
雑収入							
事業活動外収入計							
事業活動外支出							
支払利息							
雑費							
事業活動外支出計							
経常収支差額							
特別収入							
特別収入計							
特別支出							
固定資産売却損							
車両運搬具売却損							
特別支出計							
当期活動収支差額							

注　介護保険事業ごとの総収益と総費用の差額は、「経常収支差額」の欄に記入する。
　　なお、総費用が総収益を超えた場合は、その金額の頭に▲を付ける。
出典：「介護保険の給付対象事業における会計の区分について」（老振発第18号、平成13年３月28日、厚生労働省老健局振興課長）別紙５

【図表2-1-8】按分方法を記録する際の用紙の例

(別紙6)

(1)「執務時間割合」「職種別人員配置割合」「看護・介護職員割合」及び「届出人員割合」

職　種	合計	医療等の介護外の事業	介護保険事業					
			計					
管理者又は施設長								
医師								
看護職員								
(看護師、准看護師)								
介護職員								
(介護福祉士を含む)								
生活・相談指導員								
(社会福祉士も含む)								
理学療法士								
作業療法士								
医療技術員								
栄養士								
調理員(調理師を含む)								
事務職員								
上記以外の職員								
合　計								
割　合	100%							

ア　施設あるいは事業所の単位で、勤務表や業務日報等から「執務時間」を記入する方法を「執務時間割合」による按分という。

イ　「執務時間割合」の集計が困難な場合は「実際配置人員」で記入することもできる。
　　①上記表の合計欄の割合で按分する方法を「職種別人員割合」という。
　　②看護職員及び介護職員の職種の欄の合計の割合で按分する方法を「看護・介護職員配置割合」という。

ウ　「執務時間」を「届出人員」で記入し、按分する方法を「届出人員割合」という。

エ　各職種の給与ごとにアの方法で記入した割合で各職種別に按分する方法もある。

(2)建物床面積割合

諸室面積		合　計	医療等の介護外の事業	介　護　保　険　事　業					
				計					
居室・療養室・病室	専用	㎡	㎡	㎡	㎡	㎡	㎡	㎡	㎡
	共用								
計									
診療室	専用								
	共用								
計									
機能訓練室	専用								
	共用								
計									

談話室	専用							
	共用							
	計							
食　堂	専用							
	共用							
	計							
浴　室	専用							
	共用							
	計							
レクリエーションルーム	専用							
	共用							
	計							
デイルーム	専用							
	共用							
	計							
その他	専用							
	共用							
	計							
諸室面積合計	専用							
	共用							
	計							
割　　合		100%						

ア　この面積は、利用者が使用する部屋を対象とする。
イ　建物の設計図等から各事業ごとに専用の部屋面積を記入する。
ウ　共用の面積は、利用者数や利用時間等の使用割合を見積り、その使用割合を共用面積に乗じた数値を記入する。
エ　諸室には、事務室や給食室が含まれていないが、上記諸室の対象面積とすることは差し支えない。対象面積とする場合は、その他の共用の欄に記入する。

出典：「介護保険の給付対象事業における会計の区分について」（老振発第18号、平成13年3月28日、厚生労働省老健局振興課長）別紙6

2 社会福祉法人の会計
～新基準が果たす役割

(1) 社会福祉法人会計の改正の変遷

　2011 (平成23) 年7月の厚生労働省の通知により新しい「社会福祉法人会計基準」(略称「新基準」) が制定されました (2012 [平成24] 年4月1日から適用。ただし、2015 [平成27] 年3月31日までの間は、従来の会計処理によることができます)。これは旧来の社会福祉法人会計のさまざまな問題点を解消することを目的としています。社会福祉法人会計の改正の変遷を理解するために、まずは社会情勢の変化やそれに伴う制度の考え方の推移を見てみます。

　社会福祉法人の会計基準については、もともと「社会福祉施設を経営する社会福祉法人の経理規定準則の制定について」(昭和51年1月31日社施第25号厚生省社会局長、児童家庭局長連盟通知。略称「経理規定準則」) に基づき行政処分としての「措置制度」が前提となっていました。この経理規定準則において社会福祉法人の会計は、「主として措置費等公的資金の収支を明瞭にし、その受託責任を明らかにすること」が基本的な目的とされ、また「消費経済に関する会計であり、企業会計におけるような損益概念が成立しないという特質をもつ」という見解のなかで、措置費の処分を行政が判断するための計算書であったことから損益計算の考え方は取り入れられていませんでした。

　2009 (平成21) 年4月に「社会福祉法人会計の在り方についての基本方針」が出され、「措置から契約への制度改正に対応するため、法人の自主的な経営が可能となる会計に改正する必要がある」(社

会福祉法人の経営に関する検討会)とし、「法人単位の会計」「経営努力(効率性)が反映される会計」「社会福祉法人としての公益性は維持」「理解しやすい会計」という4つの基本方針が打ち出されました。そして、この基本方針に沿って、翌2010(平成22)年に「社会福祉法人会計基準」(略称「旧基準」)が出されました。この旧基準においては、「従来の施設単位だった会計単位を法人単位に一本化し、法人全体での把握ができるようにするとともに、社会福祉法人としての公益性を維持し、入所者等の処遇に支障を与えることなく、自主的な運営が行えるようにする必要がある」という考え方のもと、これまでになかった損益計算(事業活動収支計算書)が取り入れられるようになり、固定資産の維持や拡充も含めて経営の実態を明らかにしようとした点で、単に行政への報告のための計算書類から、事業者が経営を俯瞰するうえでの判断材料としての計算書類という目的に推移したといえます。

　ただし、旧基準が制定されたものの、実務上は「経理規定準則」等を継続適用することや、介護事業を行う社会福祉法人や民間の介護保険事業者が準拠する「指定介護老人福祉施設等会計処理等取扱指導指針」(略称「指導指針」)、社会福祉法人が介護老人保健施設を経営する場合に準拠する「介護老人保健施設会計・経理準則」、障害者自立支援法に基づく指定障害福祉サービスを行う場合に準拠する「就労支援の事業の会計処理の基準」、この他にも病院会計準則等、さまざまな会計ルールが併存しており、事務処理が煩雑であったり、計算結果が異なったり、当初の旧会計基準が目指した法人単位での経営状況を把握することの形骸化等の問題が指摘されていました。

　このような状況による弊害を解消するため、さらに、社会福祉法人を取り巻く経済状況の変化や公的資金・寄付金を受け入れている

ことによる、国民への簡素でわかりやすい説明責任などの目的から、会計基準の一元化を図るために新たな社会福祉法人会計基準（略称「新基準」）が制定されたのです。

（2）新基準の果たす役割

　新基準は、法人の運営状況をより実態に近い形で財務諸表に反映する基準となっており、すべての事業に同一の会計基準を適用することで、財務状況が事業別・拠点別・サービス別に区分集計され、旧基準の財務諸表では困難だった法人全体の財務状況の把握を可能としています（**図表2-2-1**）。

【図表2-2-1】新基準の主な内容

- ・4号基本金の廃止

- ・金融商品の時価会計
　社会福祉法人の基本財産については、安全で確実な運用と回収の確実性が担保されたものでなければいけませんが、基本財産以外の運用財産等についても管理運用が認められています。この基本財産以外の運用財産等について客観的な時価により評価することで、財務状況を把握することができるようになりました。

- ・リース会計
　従来、リースの取引について賃借料として費用扱いで計上することで、貸借対照表に計上せず賃貸借物件として事業活動計算書に計上する処理を行ってきましたが、ファイナンスリース取引（契約期間内に解約が不可能で、リース物件の利益とコストを借り手が負う）について、実質的な経営実態の把握と比較可能性という観点から、原則的に固定資産を購入した場合と同じ処理を行うこととなりました。

- ・退職給付会計
　将来的に発生する退職給付額のうち期末までに発生している部分を見積もり計上するものですが、従来の原則法による煩雑な計算を解消するため、一定の要件と使用する共済制度によりそれぞれ簡便的な方法をとることができるものとなりました。

- 減損会計の導入
　固定資産の時価が著しく下落した場合に、その固定資産の帳簿価額を、回収可能性を考慮し減額する処理です。

- 税効果会計
　資産および負債の額と課税所得計算上の資産および負債の額が相違する場合に、法人税等の額を合理的に調整することで当期純利益との対応を図るもので、収益事業を行う法人において適用されることとなります。ただし収益事業の課税所得に重要性が乏しい場合は適用しないこともできます。

- その他
　公益法人会計基準に採用されている１年基準（固定資産・固定負債を１年以内に現金化・期限の到来するものを流動資産・流動負債として計上する）や、引当金の取り扱いの改正による不確実な引当金計上の是正、寄付金の処理の明確化、注記の拡充や附属明細書の統一などが行われました。

　新基準においては、４号基本金と呼ばれる事業活動の結果の収支差額から発生する基本財産組み入れが、法人設立や施設整備によって計上される基本金と異なる性格のものであるとの観点から廃止されました。また１号基本金について10万円未満の初期調度物品等の取り扱いが指導指針との統一が図られ、計上されることとなりました。

　新会計基準では、より正確な財務諸表の作成、財務情報の透明化の観点からさまざまな改正が行われ、制度の形骸化が指摘されていた項目について改善が図られました。

　新基準の運用により詳細な課題の把握、対応方針の検討、効果額の測定が可能となり、より有益な経営分析を行うことができるようになりました。この経営分析の向上という点で新基準が果たす役割は非常に大きいものがあるといえます。

　社会福祉法人にも会計の区分の規定として、事業区分および拠点区分・サービス区分を設けて区分経理することが定められています（「社会福祉法人会計基準の制定について」平成23年７月27日社援

発0727第1号ほか連名通知)。

　新基準により社会福祉法人が行うすべての事業を対象とした法人全体の一体的な財務状態の把握ができることとなったことと併せ、各サービスの事業別、拠点別の視点で財務構造の把握・分析を行いやすくなりました。これをもとに経営計画・事業計画を有効に行うことが、介護報酬のマイナス改定をはじめ社会福祉事業の逆風のなかで継続的に事業運営を行うカギといえるでしょう。

3 NPO法人の会計は何が違うのか

(1) NPO法人の特定非営利事業とその他の事業

　NPO法人とは、1995（平成7）年1月の阪神・淡路大震災を契機に議員立法により成立した、特定非営利活動促進法上の特定非営利活動法人のことです。広義の公益目的の法人ということができますが、NPO法人として行う事業すべてが認定公益法人の公益目的事業のように税金の課税されない事業となるわけではありません。

　NPO法人の業務は、いわゆる本来事業である「特定非営利活動に係る事業」と収益事業である「その他の事業」に分けられます（**図表2-3-1**）。「その他の事業」は本来事業に必要な資金や運営費に充てるため、本来事業に支障がない範囲で行うことができます。NPO法人の会計では、この「その他の事業」を行っている場合には本来事業に関する会計から区分して特別の会計として経理しなければならないとして区分経理が要求されています（NPO法第5条第2項）。

【図表2-3-1】特定非営利事業とその他の事業

- ・特定非営利活動促進法別表に掲げられた特定非営利活動
  - ①保健、医療又は福祉の増進を図る活動
  - ②社会教育の推進を図る活動
  - ③まちづくりの推進を図る活動
  - ④観光の振興を図る活動
  - ⑤農村漁村又は中山間地域の振興を図る活動
  - ⑥学術、文化、芸術又はスポーツの振興を図る活動
  - ⑦環境の保全を図る活動
  - ⑧災害救援活動
  - ⑨地域安全活動

⑩人権の擁護又は平和の推進を図る活動
⑪国際協力の活動
⑫男女共同参画社会の形成の促進を図る活動
⑬子供の健全育成を図る活動
⑭情報化社会の発展を図る活動
⑮科学技術の振興を図る活動
⑯経済活動の活性化を図る事業
⑰職業能力の開発又は雇用機会の拡充を支援する活動
⑱消費者の保護を図る活動
⑲前各号に掲げる活動を行う団体の運営又は活動に関する連絡、助言又は援助の活動
⑳前各号に掲げる活動に準じる活動として都道府県又は指定都市の条例で定める活動
・その他の事業
　NPO法人は、特定非営利活動に必要な資金や運営費に充てるために、特定非営利活動に係る事業に支障がない限り、その他の事業を行うことができます。その他の事業で利益が生じた場合は、その利益を特定非営利活動に係る事業のために使用しなければなりません。また、その他の事業に関する会計を特定非営利活動に係る会計から区分しなければなりません。

（2）収益事業と非収益事業の区分

　また、実務上は法人税の観点から、収益事業から生ずる所得に関する経理と、収益事業以外の事業から生ずる所得に関する経理とを区分して行われなければならないと規定されています（法人税法施行令第6条）。

　つまり、NPO法上の本来事業であっても、法人税法上の収益事業（課税される事業）と非収益事業（課税されない事業）の両方が存在し、同様にその他の事業にも収益事業と非収益事業が存在し得ることになります（**図表2-3-2**）。

　株式会社などはすべての所得に対して法人税が課税されますが、NPO法人は収益事業から生じた所得に対してのみ法人税が課税されることになります（**図表2-3-3**）。NPO法人は当然、公益性の高い活動を営むことが多いのですが、税法上の収益事業および非収益事業というのは、公益性を尺度に判断されるわけではなく、一般の

営利法人との課税の公平という観点から判断されます。収益事業に該当するからその活動の公益性が否定されているというわけではなく、公益性という尺度と課税の公平という尺度の違いからこのような相違が生じます。

【図表2-3-2】収益事業と非収益事業

収益事業に該当する3要件
1. 継続して行われるもの（法人税法基本通達15-1-5）
2. 事業場を設けて行われるもの（法人税法基本通達15-1-4）
3. 次の34業種に該当するもの
   物品販売業、不動産販売業、金銭貸付業、物品貸付業、不動産貸付業、製造業、通信業・放送業、運送業・運送取扱業、倉庫業、請負業、印刷業、出版業、写真業、席貸業、旅館業、料理店業・飲食店業、周施業、代理業、仲立業、問屋業、鉱業、土砂採取業、浴場業、理容業、美容業、興行業、遊技所業、遊覧所業、医療保険業、技芸教授業、駐車場業、信用保証業、無体財産権提供業、労働者派遣業

【図表2-3-3】特定非営利事業とその他の事業の課税、非課税

NPO法	法人税法
特定非営利事業	収益事業（課税）
	非収益事業（非課税）
その他の事業	収益事業（課税）
	非収益事業（非課税）

｝NPO法上は「本来事業」であるが、法人税法上は「収益事業」となってしまう事業

（3）NPO法人が介護事業を行う場合

　NPO法人において介護事業を行う場合は収益事業として課税が行われることとなりますが、NPO法人は基本的に営利を目的としていないため、その活動から得られた所得に対して税金を課すべきではないとしながらも、同じ内容の事業を株式会社などが行う場合との課税の公平、競争関係という観点からこのような制度となっています。

NPO法人において介護事業を行う場合、前掲の厚生労働省令第37号（48ページ参照）に基づく会計の区分を満たす必要があることはいうまでもありませんが、NPO法人の会計においては、活動計算書（営利法人の作成する損益計算書に相当するもの）において、NPO法人が目的とする事業に直接要する費用の部門を「事業部門」、事業に直接関連しないが法人の運営や管理に要する費用の部門を「管理部門」として区分経理することが求められています。

　管理部門の業務にかかわる費用としては、総会や理事会といった組織運営や意思決定に要した費用、会報紙（誌）の発行やホームページの運営などの広報、報告業務に要した費用、経理業務に要した費用などが考えられます。事業部門と管理部門に共通する費用が発生する場合には、合理的な根拠に基づいた按分計算により計上することとなります（**図表2-3-4**）。

【図表2-3-4】事業費と管理費の按分方法

```
使用割合（通信費、消耗品費、水道光熱費等）
従事割合（人件費、旅費交通費等）
面積割合比（地代家賃、減価償却費、保険料等）
職員数比（通信費、地代家賃、水道光熱費等）
```

　さらに収益事業を行う法人の経理は、収益および費用に関する経理だけでなく、資産および負債についても区分経理が必要となります（法人税法基本通達15－2－1）。

　資産および負債については、収益事業と非収益事業の両方で使用する場合、収益事業の資産としての経理区分はしないで、その償却費およびその他当該資産について生じる費用の額のうち収益事業にかかわる部分の金額をその収益事業にかかわる費用として経理します。収益事業単独で使用している資産および負債以外は区分経理す

ることを求めていません（法人税法基本通達15‐2‐1注書）。

　これに対し、費用・損失について収益事業と非収益事業に共通する費用等は、継続的に合理的な基準によって収益事業と非収益事業とに割り振り、これに基づいて経理することとなります。よって税法上の区分経理においては、収益事業と非収益事業を明確に区分したうえで、収益事業の費用・損失は、直接的に発生したものの他に、収益事業と非収益事業の共通費について配賦(はいふ)計算が必要ということになります。この基準をもとに作成された収益事業の財務諸表から税金計算が行われることになります（図表2-3-5）。

【図表2-3-5】法人税法基本通達15‐2‐5に例示されている配賦基準

資産の使用割合、従業員の従事割合、資産の帳簿価額の比、収入金額の比、その他当該費用または損失の性質に応ずる合理的な基準

　これらのことから、NPO法人の会計においては、NPO法上の事業区分である特定非営利事業とその他の事業、さらに税法上の事業区分である収益事業と非収益事業の4種類の区分設定が必要となります。また、介護事業をNPO法人において行う場合については、厚生労働省令第37号の規定による「会計の区分」に従い、NPO法上においては特定非営利事業あるいはその他の事業のいずれか、税法上の事業区分においては収益事業の経理のなかで、介護サービスごとの部門設定による区分経理が必要ということになります。

　介護事業をNPO法人で行う場合の個別論点として、印紙税について一般の営利法人と一部違った取り扱いがあります。これは通常、介護サービスを提供した費用の領収書は課税文書（印紙税法第17号の1「売上代金に係る金銭又は有価証券の受取書」）として印紙を貼付する必要がありますが、これが定款において剰余金の分配を行わ

ない定めのあるNPO法人が運営する介護事業者である場合は、要介護認定を受けた者に対する介護サービスが「営業に該当しないもの」として非課税（印紙を貼付する必要なし）となります。

4 運営主体により異なる介護老人保健施設の会計基準

(1) 中間施設としての役割

　介護老人保健施設は、いわゆる「中間施設」として創設されました。医療ニーズの高い人の多くは、同時に介護ニーズも高く、病院を退院して即座に日常生活を送ることが困難です。そのため在宅復帰の橋渡しを支援する中間の施設が必要だったのです。しかし、介護保険制度の創設や医療制度改革、地域包括ケアシステムの構築という大きな時代の流れのなかで、介護老人保健施設の役割について見直しが行われています。

　介護老人保健施設は医師が配置されていることから、介護サービスと同時に医療サービスを提供することができます。介護保険の3施設のなかで医療機能と介護機能を同時に備えているという点で特徴的な施設といえます。先般の介護報酬改定においても、地域包括ケアシステムを推進していくうえで、在宅復帰・在宅療養支援という観点から介護老人保健施設の本来機能への道筋が示されました。

(2) 運営主体により会計基準は異なる

　介護老人保健施設の会計は、介護老人保健施設会計・経理準則に基づいて経理処理がされています。介護老人保健施設はその運営主体が医療法人の場合と社会福祉法人の場合とがあり、それぞれに会計処理に関する基準として、病院会計準則および社会福祉法人会計基準が存在し、それぞれに対象とする運営主体ごとにその運営目的

が異なるため、経理の原則の違いから、場合によっては異なる計算結果、計算書類が作成されることとなっています。社会福祉法人が運営する介護老人保健施設については、2015（平成27）年より新社会福祉法人会計基準の考え方に基づいた改正の影響を受けることは第2項で述べた通りです。

　介護老人保健施設においても当然ながら会計の区分が求められていますが、この介護老人保健施設会計・経理準則に基づいて作成された介護サービス事業別の財務諸表が、運営基準の会計の区分も同時に満たすこととなります。

　また、医療法人において附帯業務を行っている場合や、特別医療法人における収益業務などと区別して経理を行う必要があります。医療法人においてはもともと会計単位の分割について従前からの規定があり、これに介護保険における会計の区分が加わっただけにすぎません。

　介護老人保健施設の会計は、介護老人保健施設会計・経理準則に基づいて施設ごとの財務諸表が作成され、それぞれの介護サービス事業別の区分計算によって作成されることとなります。

第3章

財務諸表を経営分析に活かす

1 介護事業者のための やさしい経営分析のすすめ

（1）経営分析による課題の抽出

　第1章で財務諸表の見方を学びました。財務諸表は株主等の利害関係者への情報開示、税務申告や融資資料としてだけに使われるものではありません。貸借対照表、損益計算書を分析することにより経営に必要なさまざまなことがわかります。

　日々の経営活動を続けていると自社の現状や将来のことに疑問や不安を覚えることがあるかと思います。

　・売上は上がっているけど儲かっているのか？
　・人件費が増えてきたけど従業員の給与はこれでよいのか？
　・設備投資をしたいけど銀行からお金を借りて大丈夫？
　・このままの経営を続けてよいのか？

　こうした疑問には経営分析が答えてくれます。経営分析は大きく次の4つに大別できます。

> ①損益分岐点分析…売上高から安全性や採算性を分析します。
> ②安全性の分析…財務面のバランスを計ります。
> ③収益性の分析…収益能力を計ります。
> ④生産性の分析…生産性を計ります。

（2）現状を把握する3つの比較方法

　経営分析ではさまざまな指標を比較することにより自社の現状を

よりわかりやすく確認することができます。比較方法は３つあります。

---

①期間比較…自社の数値を時系列順に３〜５期並べてみます。これにより自社の趨勢をつかむことができます。

②標準比較…自社の数値と同業種の平均値とを比較することにより自社の良し悪しを判断することができます。

③相互比較…目標とする特定の同業他社を決め、その会社と自社を徹底的に比較し、目標に近づけるよう経営を改善していきます。

これらを多面的に検討し、問題点（課題）を導き出します。そして経営改善へと進みます。

経営分析 ⇒ 課題抽出 ⇒ 経営改善計画 ⇒ 優良企業へ

なお、経営分析は会社の現状を決算書等の数字で分析しますので、適正な決算書を前提にしています。利益を多く見せる「粉飾決算」や利益を少なく見せる「脱税決算」では正確な経営分析はできません。また、数字以外の経営者の資質や従業員のやる気、社風等は分析できません。最後は総合的に捉える必要があります。

2 目標収入はいくら？
～損益分岐点分析

（1）損益分岐点と費用分解

　それでは「損益分岐点分析」から見ていきましょう。売上から安全性や採算性の分析、また目標利益の達成売上高の算定に有効活用されるのが損益分岐点分析です。まず、「損益分岐点（BEP：Break Even Point）」と「費用分解」の2つを覚えます。

　損益分岐点は、利益がゼロになる売上高をいいます。それ以上の売上高だと利益が生じ、それ以下だと損失になります。つまり、「売上＝費用」となる売上高です。費用分解は、費用を固定費と変動費に分けることをいいます。「売上＝固定費＋変動費」となります。

　固定費とは、売上の増減にかかわらずかかる一定の費用のことで、たとえば、家賃や水道光熱費、正社員の給与などです。変動費とは、売上の増減に比例して増減する費用で、たとえば、デイサービスの食材費や訪問介護の登録ヘルパーの給与がこれに当たります。

　決算書を見てみましょう。売上高はありますが、固定費、変動費は見当たりません。そのため、すべての費用を固定費、変動費に1つひとつ分解する必要がありますが、厳密に行うには技術と時間がかかります。簡便法として「勘定科目」を参考に分けていきます。

（2）損益分岐点分析の手順

　では、損益分岐点分析を始めましょう。まず、**図表3-2-1**を見てください。「利益図表」の作成手順を紹介します。

【図表3-2-1】利益図表

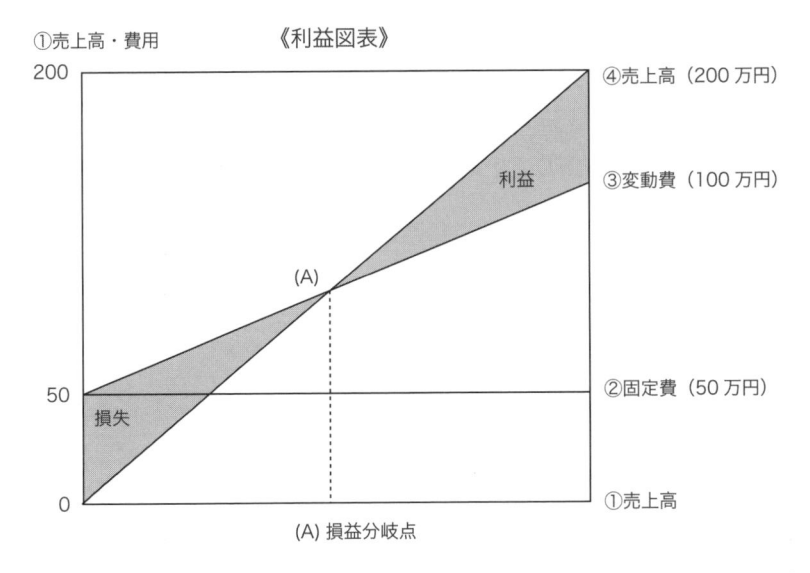

《利益図表》

- ①売上高・費用
- ④売上高（200万円）
- ③変動費（100万円）
- 利益
- (A)
- ②固定費（50万円）
- 損失
- ①売上高
- (A) 損益分岐点

① 縦軸（売上高・費用）と、横軸（売上高）を引きます。ここでは売上高は200万円とします。

② 固定費（50万円）は正社員の給与と家賃等です。売上高にかかわらず同じ金額ですから横に真っ直ぐに線を引きます。

③ 変動費は登録ヘルパーの給与等です（ここでは売上高の50％とします）。売上高が200万円の場合は100万円です。売上高に対する変動費の割合を変動費率（50％）といいます。

$$変動費率（50\%）＝\frac{変動費（100万円）}{売上高（200万円）}\times 100$$

左から右上に斜めの線を引き固定費にプラスします。

④ 最後に売上高を左下から右上に正比例の線を引きます。

③と④が交差した点を損益分岐点（A）といいます。

損益分岐点（A）より売上高が増加（右）すると利益が増え、損益分岐点（A）より売上高が減少（左）すると損失になります。

では、損益分岐点の売上高はいくらでしょう？　次の式で求められます。

$$\text{損益分岐点売上高(円)} = \frac{\text{固定費(円)}}{1 - \dfrac{\text{変動費(円)}}{\text{売上高(円)}}} \quad \text{または} = \frac{\text{固定費(円)}}{1 - \text{変動費率(\%)}}$$

実際に式に数字を入れてみましょう。

$$\text{損益分岐点売上高} = \frac{50}{1 - \dfrac{100}{200}} \quad \text{または} = \frac{50}{1 - 0.5} = 100$$

100万円が損益分岐点売上高です。検証してみます。

```
売上高＝固定費＋変動費
100 ＝  50  ＋ 50
```

利益がゼロになっていることがわかります。

(3) 自社の損益分岐点を分析する

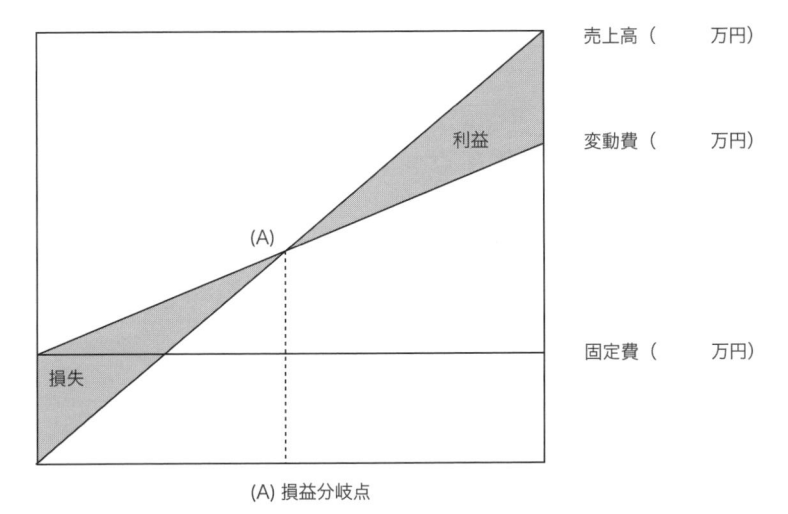

売上高（　　　万円）

利益

変動費（　　　万円）

(A)

固定費（　　　万円）

損失

(A) 損益分岐点

①縦軸 (売上高・費用) と、横軸 (売上高) を引きます。
②固定費は「損益計算書」の「販売費及び一般管理費」をベースに「勘定科目」を検討し金額を決めます。売上高にかかわらず同じ金額ですから横に真っ直ぐに線を引きます。
③変動費は「損益計算書」の「売上原価」をベースに金額を決めます。売上高に対する変動費の割合を計算します(変動費率)。

$$\text{変動費率（　　％）} = \frac{\text{変動費（　　万円）}}{\text{売上高（　　万円）}} \times 100$$

左から右上に斜めの線を引き固定費にプラスします。
④最後に売上高を左下から右上に正比例の線を引きます。
⑤損益分岐点売上高はいくらですか？

$$損益分岐点売上高（\quad 円）_{(A)} = \frac{固定費（\quad 円）}{1-変動費率（\quad \%）}$$

（4）目標売上高を算出する

1 採算性や安全性を分析する

次に損益分岐点売上高を使って分析をしましょう。

○損益分岐点比率

$$損益分岐点比率（\quad \%）= \frac{損益分岐点売上高（\quad 円）}{実際売上高（\quad 円）} \times 100$$

損益分岐点売上高が実際の売上高に占める割合をいい、採算性を示します。

この数値は低ければ低いほど採算性が高くなります。また80％未満が目標とされます。

○安全余裕率（経営安全率）

$$安全余裕率（\quad \%）= 100 - 損益分岐点比率（\quad \%）$$

売上が何パーセント減少すれば利益がゼロになるかを表す数字で「経営安全率」とも呼ばれています。

この数値は高ければ高いほど安全性は高くなります。何パーセントになりましたか？　20％以上を目指しましょう。

安全余裕率を高めるには理論上、次の4つがあります。

①変動費（率）の削減……登録ヘルパーの給与単価の引き下げ、デイサービスの食材費の引き下げ等ですが、なかなか難しいかも知れません。

②固定費の削減…………販管費の見直し等で一番始めやすい項目です。費用対効果を見極めながら行います。

③販売数量の増加………延利用者の増加が該当します。入院等で随時減少しますので常にケアマネジャー等に働きかけることが大事です。

④販売単価の引き上げ…介護報酬の値上げはこれに当たりますが期待しにくく、各種加算や介護保険外収入を模索する必要があります。

2 目標利益を達成するための売上高は？

損益分岐点分析のもう1つの使い方は、目標利益を達成するための売上高が算出できることです。経営計画を作成する際にも役立ちます。方法は簡単です。固定費に目標利益を加算します。

$$目標売上高(円) = \frac{固定費(円) + 目標利益(円)}{1 - 変動費率(\%)}$$

図表3-2-1の「利益図表」の例で目標利益を100万円とすると、目標売上高は300万円と計算できます。

$$目標売上高(300万円) = \frac{固定費(50万円) + 目標利益(100万円)}{1 - 変動費率(0.5)}$$

検証してみましょう。売上高が300万円のとき変動費は150万円です(変動費率50%)。固定費は変わらず50万円です。

売上高	変動費	固定費	利益
300万円 −	150万円 −	50万円 =	100万円

(5) 自社の目標売上高を算出する

では、自社の目標売上高を算出してみましょう。目標利益は自社のビジョンを実現するために必要な利益を設定します。

$$目標売上高(\ \ \ \ 円) = \frac{固定費(\ \ \ \ 円) + 目標利益(\ \ \ \ 円)}{1 - \dfrac{変動費(\ \ \ \ 円)}{売上高(\ \ \ \ 円)}}$$

目標売上高はいくらになりましたか？ 達成できそうですか？ この売上高を参考に「経営計画」を策定します。もちろん実現するための「行動計画」も必要です。

なお、多額の借入金がある場合は返済可能な売上高を設定する場合があります。その場合の目標利益は次の数式により計算できます。

$$目標利益(円) = \frac{年間返済額(円) - 減価償却費(円)}{1 - 税率(\%)}$$

3 | 経営のバランスを計る～安全性の分析

　ここからは企業の資金がバランスよく調達・運用されているかを分析します。

(1) 流動比率

　短期的な安全性を示す指標です。1年以内に現金化される資産（流動資産）が1年以内に支払う負債（流動負債）より多ければ安心です（**図表3-3-1**）。200％以上が理想といわれています。

$$流動比率(\%) = \frac{流動資産(円)}{流動負債(円)} \times 100$$

【図表3-3-1】流動比率

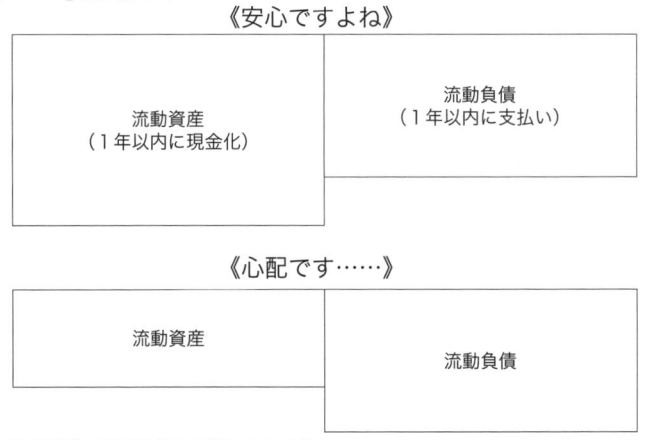

《安心ですよね》

| 流動資産
（1年以内に現金化） | 流動負債
（1年以内に支払い） |

《心配です……》

| 流動資産 | 流動負債 |

流動資産で流動負債を返済しきれません。

それでは、自社の分析をしてみましょう。決算書の「貸借対照表」を見てください。「流動資産」と「流動負債」から記入します。

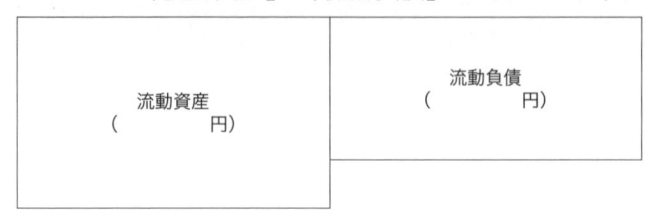

```
┌─────────────────┬─────────────────────┐
│                 │      流動負債        │
│     流動資産     │   (        円)      │
│   (     円)     ├─────────────────────┘
│                 │
└─────────────────┘
```

$$流動比率（\quad \%）= \frac{流動資産（\quad 円）}{流動負債（\quad 円）} \times 100$$

何パーセントになりましたか？ 100％以下だと資金繰りが厳しいかも知れません。

〔改善ポイント〕
短期で高金利の資金を借り入れていませんか?
安定した低利で長期の借入金を調達しましょう。

（2）当座比率

流動比率で短期的な安全性を判断しますが、流動資産は必ずしも1年以内に現金化するとは限りません。不良債権や在庫が多いと現金化に時間がかかります。そこで必ず1年以内に現金化するもの(当座資産)だけで分析をします(**図表3-3-2**)。

$$当座資産 = 現金預金 + 未収入金 + 有価証券等$$

$$当座比率（\%）= \frac{当座資産（円）}{流動負債（円）} \times 100$$

これは100％以上が必要です。

【図表3-3-2】当座比率

《これなら安心ですよね》

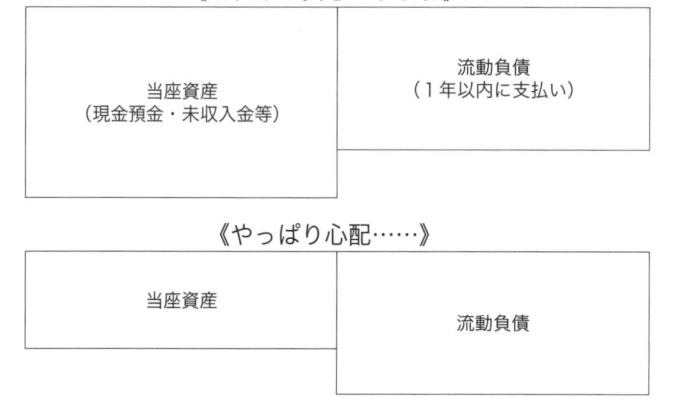

| 当座資産
(現金預金・未収入金等) | 流動負債
(1年以内に支払い) |

《やっぱり心配……》

| 当座資産 | 流動負債 |

自社の分析をしてみましょう。「流動資産」の現金預金と未収入金等を合計して記入します。

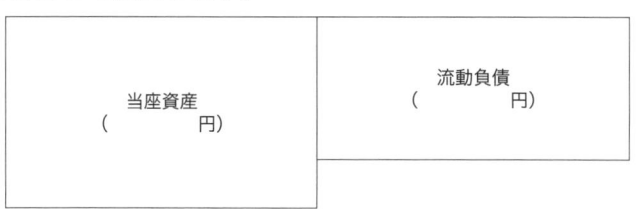

| 当座資産
(　　　　円) | 流動負債
(　　　　円) |

$$当座比率(\quad\%) = \frac{当座資産(\quad 円)}{流動負債(\quad 円)} \times 100$$

　介護事業は不良債権（介護収入金）がなく、また在庫もほとんどないため「流動比率」とそんなに比率は変わらないかも知れません。

（3）固定比率

これは長期的な運用資産と調達資金が適正かを分析します。固定資産（1年超現金化しない）は長期にわたって使用されるので返済の必要のない自己資本で調達できていれば安心です（**図表3-3-3**）。

自己資本は貸借対照表の「純資産」をいいます。

$$固定比率(\%) = \frac{固定資産(円)}{自己資本(円)} \times 100$$

この比率は100％以下であれば資金的に安定した設備投資をしていることになります。

【図表3-3-3】固定比率

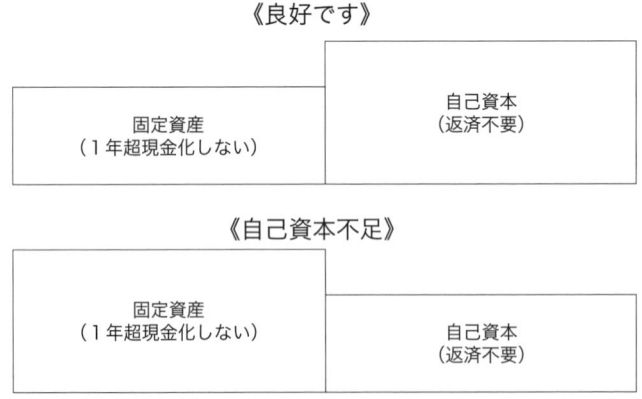

《良好です》

| 固定資産（1年超現金化しない） | 自己資本（返済不要） |

《自己資本不足》

| 固定資産（1年超現金化しない） | 自己資本（返済不要） |

自社の分析をしてみましょう。「貸借対照表」の「固定資産」と「純資産」（自己資本）から金額を記入してみましよう。

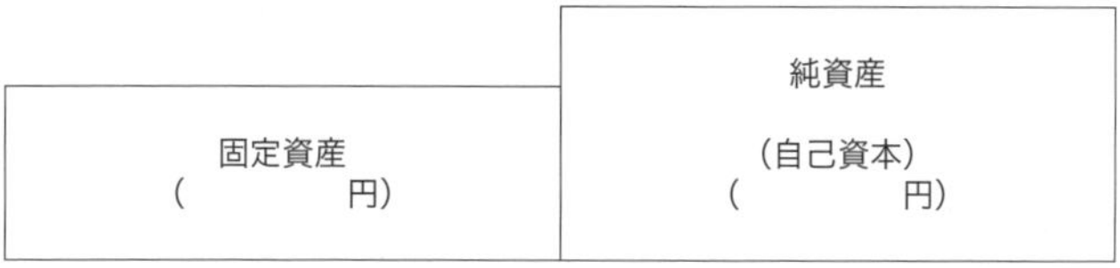

	純資産
固定資産 (　　　　円)	(自己資本) (　　　　円)

$$固定比率(　　\%) = \frac{固定資産(　　　円)}{自己資本(　　　円)} \times 100$$

100％以下になりましたか？ なっていれば良好です。ただ、日本の企業は全般的に自己資本が少ないため100％超になる企業が多くあります。そのため次の指標を参考にします。

(4) 固定長期適合率

固定資産が自己資本と返済期間の長い「固定負債」(返済義務が1年超)の合計より少なければ資金的に安心です(**図表3-3-4**)。

$$固定長期適合率(\%) = \frac{固定資産(円)}{固定負債(円) + 自己資本(円)} \times 100$$

この比率は100％以下が必要です。

【図表3-3-4】固定長期適合率

《資金が安定》

固定資産	固定負債 ＋ 自己資本

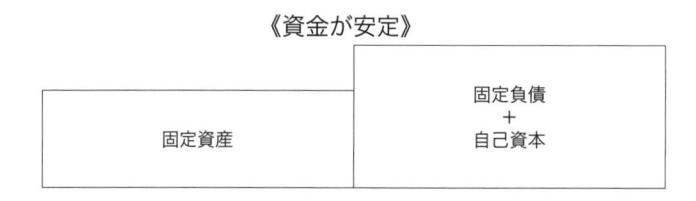

《資金が不安定》

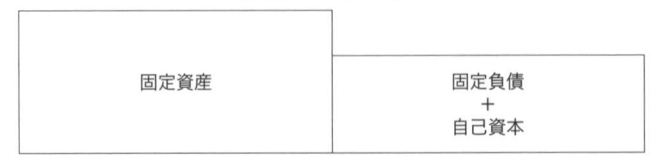

| 固定資産 | 固定負債 ＋ 自己資本 |

自社の分析をしてみましょう。「貸借対照表」の「固定資産」、「固定負債」と「純資産」の合計を記入します。

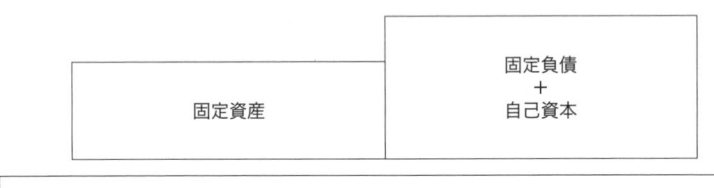

| 固定資産 | 固定負債 ＋ 自己資本 |

$$\text{固定長期適合率(　\%)} = \frac{\text{固定資産(　円)}}{\text{固定負債(　円)} + \text{自己資本(　円)}} \times 100$$

100％以下になったでしょうか?

〔改善ポイント〕
100％を超えているようですと長期的に資金繰りの悪化が予測されます。不用資産の売却や短期借入金から長期借入金への借換え、増資等が必要になってきます。

(5) 自己資本比率

自己資本は負債と違い、返済が不要なため多いほうが望ましいことになります。つまり総資本(総資産)に占める自己資本の割合が大きいほど財務は安定します(**図表3-3-5**)。

$$自己資本比率(\%) = \frac{自己資本(円)}{総資本(円)} \times 100$$

基本的には大きいほうが望ましいとされています。

【図表3-3-5】自己資本比率

総資産	総負債	他人資本 ─┐
	自己資本	自己資本 ─┘ 総資本

「負債」は外部からの調達ですので「他人資本」ともいいます。

他人資本＋自己資本＝総資本
総資産（運用側から見る）＝総資本（調達側から見る）

　自社の分析をしてみましょう。「貸借対照表」の「資産合計」を「総資本」に、「純資産合計」を「自己資本」に記入します。

総資産	総負債	総資本
	自己資本（　　　円）	（　　　円）

$$自己資本比率(\quad\%) = \frac{自己資本(\quad 円)}{総資本(\quad 円)} \times 100$$

40％を超えると「優良企業」といわれています。60％を超えると「無借金経営」が見えてきます。ただ、企業の「安全性」を追求するなら自己資本比率は高いほうがいいのですが、「収益性」を考慮すると必ずしも高いほうがいいとは限りません。たとえば、借入金の利率より高い収益性の事業を始めるなら負債を増やしてでも行うことが大事です。

自己資本比率については適正な水準を探る必要があります。企業の経営方針にもよりますが、40～60％が目途となります。

〔改善ポイント〕
・増資をする…………ただし、資本金額により税負担が大きくなる場合があります。
・内部留保を増やす…税引後利益が内部留保になるのでしっかり利益を留保します。
・負債を減らす………資産を見直す（減らす）ことにより負債を減らします。たとえば不要な資産等は現金化し借入金を返済します。

なお、自己資本がマイナスの場合は「債務超過」です（**図表3-3-6**）。

【図表3-3-6】債務超過

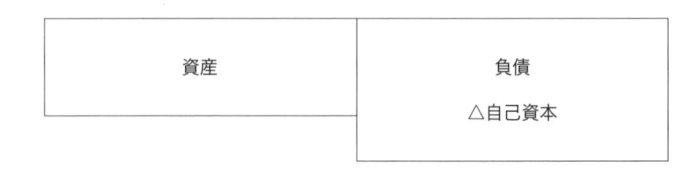

資産	負債
	△自己資本

資産より負債が多く、大変不安定な状態です。資金繰りが厳しくなり金融機関からの融資も受けにくくなるため、早急に財務の改善

に努めなければなりません。

（6）財務体質を強化するためのポイント

　最後に「財務体質を強化するためのポイント」を挙げておきます。

❶財務の重要性を認識する

　「財務は経理に任せているから、私は現場の運営管理をする」という経営者の方も多いと思います。しかし、会社は「ボランティア」ではなく、「経営」です。しっかり数字を見極めることが肝要です。

❷経営計画を立てる（長期・短期）

　経営計画というと「絵に描いた餅」「計画通りにいかない」「やっても無駄」といわれます。しかし、それは違います。達成できなくてもよいのです。重要なのは「目標を示す」「目標を意識し続ける」ことです。人間は「意識」するだけで「行動」が変わっていきます。「行動」が変われば「結果」も変わっていきます。ぜひ経営計画を立ててよりよい会社を作りましょう。

4 | やりくり上手になるためには？
〜収益性の分析

（1）どれだけ効率的に儲けているか？

　収益性分析とは、「儲ける力」を分析することです。儲ける力とは「どれだけ効率的に儲けたか？」ということです。「いくら儲けたか？」を表す指標が「利益」であるというイメージは湧くと思いますが、「効率的」とはどういうことでしょうか？　ここで、1つ具体例を見てみましょう。

【図表3-4-1】「効率的」の具体例

	A社	B社
売上高	5,000万円	10,000万円
経常利益	500万円	1,000万円
総資産額	1,000万円	10,000万円

　図表3-4-1のA社とB社を比較して、より効率的に利益を稼ぎ出した会社はどちらでしょう？　利益の絶対値を比較して「利益の額が大きいからB社のほうが効率的」とはいえません。B社は10,000万円の投資（総資産額）を使って、1,000万円の利益しか稼ぎ出していません。一方、A社はたった1,000万円の投資で500万円の利益を稼ぎ出しています。そのため、効率的に利益を稼ぎ出しているのはA社といえます。

　たとえば、ある投資の収益性を分析しようと思ったときは、「いくらの投資でいくらのリターンがあったか？」を分析します。会社の収益性もこれと同じ考えで、「いくらの総資産（＝投資）でいくら

の利益(リターン)があったか?」を分析します。ここで、会社の資金の流れをイメージしながら説明しましょう(**図表3-4-2**)。

【図表3-4-2】収益性の概念

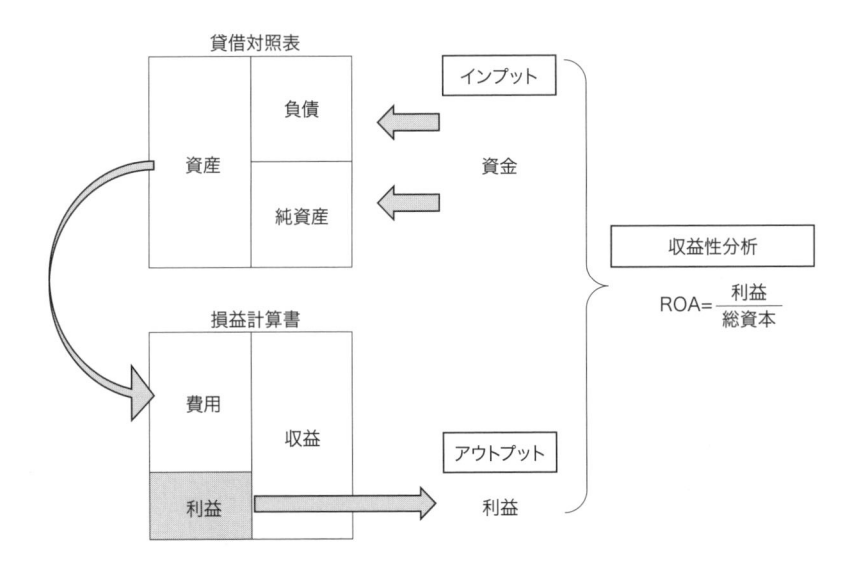

貸借対照表
- 資産
- 負債
- 純資産

インプット ← 資金

損益計算書
- 費用
- 収益
- 利益

アウトプット → 利益

収益性分析
$$ROA = \frac{利益}{総資本}$$

会社は株主(資本金)か銀行(負債)から資金を調達して、この資金をさまざまな資産に組み替え会社を運営していきます。そこから収益や費用が生み出され、収益から費用を引いた差額が利益として最終的に会社に残ります。そのため、この利益の起源をさかのぼっていくと、調達した資金から生まれた総資産が源泉であることがわかります。このように考えると企業の収益性を考えたときに、利益と比較すべきは利益の源泉である総資産であることがわかります。この意味でも貸借対照表と損益計算書は結びついているということがわかります。

（2）収益性分析

1 総資本経常利益率

では、具体的に収益性分析を行っていきましょう。収益性を分析する指標として「総資本経常利益率」が一般的で使いやすいです。総資本経常利益率は、ROA（＝Return On Assets）といわれる指標で次のように計算します。

○総資本経常利益率（ROA）

$$総資本経常利益率(\%) = \frac{経常利益（円）}{総資産額（円）^{※}}$$

※前期当期平均

この総資本経常利益率においては、そのパーセンテージが高ければ高いほど収益性が高いことを意味します。総資本経常利益率を高めようとした場合には、経常利益を高めるか総資産額を圧縮する必要があることがわかると思います。図表3-4-3をご覧ください。

【図表3-4-3】総資本経常利益率の具体例

	A社前期	A社当期	（参考）訪問介護	（参考）デイサービス
売上高	4,500万円	5,000万円	8,474万円	10,279万円
経常利益	300万円	350万円	555万円	733万円
総資産額	3,000万円	4,000万円	6,020万円	10,926万円
総資本経常利益率	10.0%	8.7%	9.2%	6.7%
売上高経常利益率	6.6%	7.0%	6.5%	7.1%
総資本回転率	1.5回	1.2回	1.4回	0.9回

出典：訪問介護およびデイサービスの数値は、『TKC経営指標（BAST）』より黒字企業の数値を筆者編集

A社において、前期と比較すると総資本経常利益率が1.3ポイント下がっており、収益性が悪化していることがわかります。売上も

経常利益も増加しているのに、なぜ総資本経常利益率は下がったのでしょうか？

この原因を追究していく際に、総資本経常利益率の算式を分解することで、その一助になることがあります。総資本経常利益率を次のように分解すると、総資本経常利益率は「売上高経常利益率」と「総資本回転率」の相乗であることがわかります。このいずれか（または両方）に、総資本経常利益率が変動した理由が隠れているはずです。

○売上高経常利益率と総資本回転率

$$総資本経常利益率(\%) = 売上高経常利益率(\%) \times 総資本回転率(回)$$

$$\frac{経常利益（円）}{総資産額（円）^{※}} = \frac{経常利益（円）}{売上高（円）} \times \frac{売上高（円）}{総資産額（円）^{※}}$$

※前期当期平均

このように分解してみると、**図表3-4-3**のA社の総資本経常利益率が前期と比較して下がっている要因が、総資本回転率が前期1.5回から当期1.2回に下がったことであることがわかります。一方で売上高経常利益率は前期6.6％から当期7.0％に改善されているようです。それでは各要素についてもう少し掘り下げてみましょう。

2 売上高経常利益率

○売上高経常利益率

$$売上高経常利益率(\%) = \frac{経常利益（円）}{売上高（円）}$$

売上高経常利益率は、俗にいう「利益率」です。売上に対していくらの利益が残ったのかを示す指標として一番なじみやすい指標だ

と思います。

> ①売上高が増加して経常利益も増加した
> ②売上高は増加したが経常利益は減少した
> ③売上高は減少したが経常利益は増加した
> ④売上高は減少して経常利益も減少した

売上高経常利益率の増減の要因は上記の①～④のいずれかの要因によることになりますが、その際にポイントになるのが固定費の存在です。会社の経費がすべて変動費（売上高に連動する費用）であるならば、売上高経常利益率は常に一定になるはずです。人件費や賃料、減価償却費などの固定費が売上高とは無縁に固定的に発生するため、売上高経常利益率は変動することを覚えてください。

図表3-4-3の例で見てみると、A社は前期と比較して当期の売上高経常利益率は0.4ポイント改善しています。A社は上記のパターンのうち①に該当し、固定費の削減等の要因により売上高の成長率が111％（＝5,000万円÷4,500万円）なのに対し、経常利益の成長率が116％（＝350万円÷300万円）であったことから、経常利益の成長率が売上高の成長率を上回り、売上高経常利益率が上昇したことがわかります。

3 総資本回転率

○総資本回転率

$$総資本回転率（回）＝\frac{売上高（円）}{総資産額（円）^{※}}$$

※前期当期平均

まず回転とはどう意味でしょうか？　回転とは新旧が入れ替わる、新陳代謝が行われることです。会社で運用される総資産は売上高が積み上がっていくに連れて、経営者の判断により新しい資産や負債に入れ替わり、会社は新陳代謝を繰り返しながら発展を続けていきます。

総資本回転率は、前述の算式で計算されますが、これは「総資本をいかに有効に活用しているか？」という意味です。総資本回転率が2回ということは、「1年間に総資本が2回転する」ということです。つまりは、この回転率が高いほど総資本を有効に活用できているということになります。この算式から、総資本回転率を改善させるためには売上高を増加させるか総資産額を圧縮する必要があることがわかります。とはいえ、むやみに資産のリストラを行うことが正しいとは限りません。ポイントは遊休資産（何らかの理由で使用・稼働を休止している資産）になっているような不要な資産を適切に排除して資産を適正額まで圧縮するということです。

図表3-4-3を見てみると、A社は前期1.5回に対して当期は1.2回ですから、回転率が悪化していることが読み取れます。A社は下記のパターンでいうと①に該当しますが、何らかの理由で売上高の成長率111％（＝5,000万円÷4,500万円）より総資産額の増加率133％（＝4,000万円÷3,000万円）が上回ってしまったことが要因です。

①売上高が増加して総資本も増加した
②売上高は増加したが総資本は減少した
③売上高は減少したが総資本は増加した
④売上高が減少して総資本も減少した

総資本回転率の増減の要因は上記の①~④のいずれかの要因によることになりますが、実際の分析においては、総資産のうちどの資産が特に増減したかを掘り下げて検討することになります。総資産は、現金預金から棚卸資産や売掛金、固定資産等から構成されていますので、資産ごとにブレイクダウンして回転率を検討することで、総資本回転率の変動の要因をより具体的に理解することができます。

○(参考)各資産回転率

$$棚卸資産回転率(回) = \frac{売上高(円)}{平均棚卸資産(円)}$$

$$売掛金回転率(回) = \frac{売上高(円)}{平均売掛金(円)}$$

$$有形固定資産回転率(回) = \frac{売上高(円)}{平均有形固定資産(円)}$$

遊休資産等の不要な資産を発見し適切に圧縮することで、総資本回転率を上昇させ、ひいては総資本利益率を上昇させることで、効率的に儲ける力がついてくるということになります。

ただし、一般的な分析指標は上記のようなものですが、介護事業に当てはめてみると、棚卸資産は金額的には僅少になると思われ、また有形固定資産も訪問介護等の業種では金額は大きくない事業者が多いでしょう。また、売掛金については介護報酬の9割部分が国保連からの2か月分の未収入金が恒常的に発生すると思われます。

しかし、この未収入金は相手が国であるため回収可能性は十分であり、貸倒の危険性もないため(貸倒損失等により)圧縮できるような性質のものではありません。その他の資産で不要に保有しているものがないか会社ごとの特性に合わせ問題を探ってください。

5 職員みんなの力を把握する
～生産性の分析

（1）どれだけ効率的にヒト・モノ・カネを活用しているか？

　会社は、企業活動を行っていくために、「ヒト」「モノ」「カネ」といわれる経営資源を効率的に利用していく必要があります。この「ヒト」「モノ」「カネ」の経営資源をいかに効率的に使用して、付加価値を生み出したのかを分析するのが生産性分析です。

　具体的にいえば、従業員の1人ひとり、機械などの設備1つひとつが、どれだけ効率よく付加価値に貢献したかということです。裏を返せば、付加価値を上げるために、どれくらいの人や機械などへの投資が必要であったかを分析する指標でもあります。この意味で、「インプット」に対する「アウトプット」の比率の指標ともいえるでしょう。

$$生産性 = \frac{アウトプット}{インプット} = \frac{付加価値}{経営資源}$$

（2）付加価値とは何か？

　まず、生産性分析を行うためには、聞きなれない「付加価値」という概念を理解しなければなりません。付加価値とは、「自社で生み出した価値」です。たとえば、製造業においては、原材料や部品を購入してそれを加工して製品に仕上げて販売します。これは、ベースとなる原材料や部品に対して自社で価値を付していく、または価値を生み出していく過程でもあります（**図表3-5-1**）。100円で

原材料を購入したものを150円で販売できるのは、顧客がそこに50円の付加価値を認めたからです。では、介護事業においての付加価値とは何でしょう？

もともと、家庭内において、家族が入浴介助から食事介助、排泄介助等の面倒を見れば、当然、費用はかかりません。しかし、あえて介護事業者に対価を支払ってサービスを受けるのは、「プロの手によって適切な介護サービスを受けられる」「その分、家族の精神的負担を和らげることができる」等の付加価値があるからこそです。

【図表3-5-1】付加価値

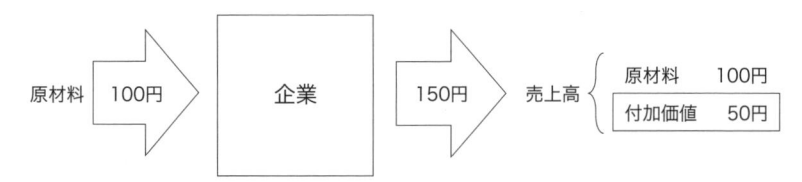

原材料 100円 → 企業 → 150円 → 売上高 ｛ 原材料　　100円 ／ 付加価値　　50円 ｝

では、付加価値はどのように計算するのでしょうか？　付加価値とは「自社で生み出された価値」と考えれば、売上高から直接生産のために他から購入または消費した物・サービスの対価（難しくいうと前給付費用といいます）を控除した金額、つまりは大まかにいえば「売上総利益」といえるでしょう。この付加価値の算出方法を控除法といいます。

○（参考）控除法付加価値額

> 付加価値額＝前給付費用
> 　　　　　≒売上総利益（売上高－売上原価）

厳密には後述するように計算方法は別算式もありますが、簡易的に分析したい場合には「売上総利益＝付加価値額」と考えて問題ないでしょう。さらに介護事業の場合にはサービス業ですから、売上原価はほとんどないといっていいでしょう。その場合には、売上総

利益が売上高と同額となります。つまりは売上高が付加価値額となるのです。

さらに、もう少し付加価値という概念について掘り下げてみましょう（**図表3-5-2**）。企業は生み出された付加価値をもとに、さまざまな利害関係者に付加価値を分配していきます。企業は生み出された付加価値から、従業員に給与を支払い、投資を行い、家賃やリース料、減価償却費を発生させ、銀行から融資を受ければ支払利息を、最後には利益が出れば税金を支払い、最後に残った純利益から株主に配当して付加価値を分配していきます。つまり、会社は社会的公器としての役割を果たしているといえます。

【図表3-5-2】付加価値の概念

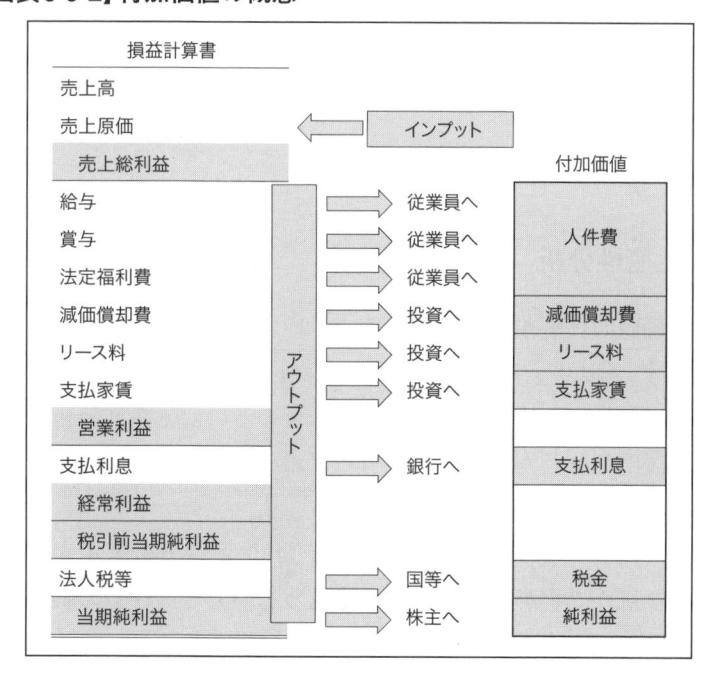

損益計算書			付加価値
売上高			
売上原価	←	インプット	
売上総利益			
給与	→	従業員へ	人件費
賞与	→	従業員へ	
法定福利費	→	従業員へ	
減価償却費	→	投資へ	減価償却費
リース料	→	投資へ	リース料
支払家賃	→	投資へ	支払家賃
営業利益	アウトプット		
支払利息	→	銀行へ	支払利息
経常利益			
税引前当期純利益			
法人税等	→	国等へ	税金
当期純利益	→	株主へ	純利益

その意味で、その付加価値の分配先から付加価値を計算していくのが原則的な付加価値の計算方法です。この付加価値額の算出方法を加算法といいます。厳密に分析を行いたい場合には、この付加価値を計算して分析するのもいいでしょう。

〇加算法付加価値額

> 付加価値額＝純利益＋支払利息＋支払家賃・リース料
> ＋減価償却費＋人件費＋税金

なお、中小企業庁では下記のように簡易的な付加価値額の計算式を例示しています。

〇中小企業方式付加価値額

> 付加価値額＝営業利益＋人件費＋減価償却費

このように付加価値額の算定には、さまざまなアプローチの方法がありますが、それぞれ用途や企業の規模等に応じて使い分ければいいと思います。個人的には中小企業の生産性分析においては、最初に示した控除法付加価値額で差し支えないと思います。

（3）生産性分析

付加価値の理解ができたところで、いよいよ生産性分析に入っていきます。「ヒト」「モノ」「カネ」の経営資源をいかに効率的に使用して付加価値を生み出したのかを分析するのが生産性分析であることは説明しましたが、生産性分析においては基本的に経営資源ごとに分析するのが一般的です。

「ヒト」「モノ」「カネ」ごとのそれぞれ生産性分析を示すと**図表3-5-3**の通りですが、介護事業の特色ともいえる人件費の経費に占める割合の大きさからも明白なように、介護事業においては「ヒト」の分析が最重要です。そのため、ここでは「ヒト」の分析である労

働生産性を中心に説明していきます。

【図表3-5-3】生産性分析図

$$生産性 = \frac{アウトプット}{インプット} = \frac{付加価値}{経営資源}$$

- 「ヒト」　労働生産性
- 「モノ」　設備生産性
- 「カネ」　資本生産性

（4）労働生産性

○労働生産性

$$労働生産性(円) = \frac{付加価値(円)}{従業員数(人)}^{※}$$

※前期当期平均

　企業活動を支える「ヒト」、つまり従業員1人ひとりが、会社の生産活動にどれだけ貢献しているか、または会社が従業員をいかに効率的に活用しているかを図るために、労働生産性分析を行います。特に介護事業においては人件費が経費の大半を占めるため、この労働生産性分析は例外なく重要と考えていいでしょう。ここで具体例を用いながら説明しましょう。まず**図表3-5-4**をご覧ください。

【図表3-5-4】労働生産性分析の具体例

	A社 前期	A社 当期	(参考)訪問介護	(参考)デイサービス
付加価値額	4,000万円	4,500万円	7,956万円	9,778万円
従業員数（平均）	15人	16人	24人	24人
労働生産性	266万円	281万円	331万円	407万円

出典：訪問介護およびデイサービスの数値は、『TKC経営指標（BAST）』より黒字企業の数値を筆者編集

A社の当期においては従業員1人につき281万円の付加価値を生み出していることがわかります。さらにA社は前期の労働生産性266万円と比較して生産性が高まっていることがわかります。その要因を追求する際には、労働分配率の算式を分解してみると原因がより明確になることがあります。

1 売上高を用いた分解

労働生産性と売上高との関係を見るために、次のように分解してみましょう。

○売上高を用いた分解

$$\text{労働生産性} = 1\text{人当たり売上高} \times \text{付加価値率}$$
$$\frac{\text{付加価値（円）}}{\text{従業員数（人）}^{※}} = \frac{\text{売上高（円）}}{\text{従業員数（人）}^{※}} \times \frac{\text{付加価値額（円）}}{\text{売上高（円）}}$$

※前期当期平均

売上高を従業員数で割った数値は「1人当たり売上高」といい、売上高に占める付加価値額の割合は「付加価値率」といいます。この分解からわかることは、労働生産性を高めるためには、1人当たり売上高または付加価値率を高めなければならないということです。

ただし、介護事業においては「付加価値額≒売上高」の事業者が多いため、付加価値率を高めるのが困難な事業者がほとんどでしょう。その場合には利用者の増加や加算報酬対策等により1人当たり売上高を高めていくしかありません。もう一度、先ほどのA社の数値で分析してみると**図表3-5-5**のようになります。

この分析によれば、A社は前期と比較して、付加価値率は悪化しながらも1人当たり売上高を増加させたことにより労働生産性を高めたことがわかります。

【図表3-5-5】労働生産性の分析

	A社 前期	A社 当期	(参考)訪問介護	(参考)デイサービス
付加価値額	4,000万円	4,500万円	7,956万円	9,778万円
売上高	4,100万円	4,700万円	8,474万円	10,279万円
従業員数(平均)	15人	16人	24人	24人
労働生産性	266万円	281万円	331万円	407万円
1人当たり売上高	273万円	293万円	353万円	428万円
付加価値率	97%	95%	93%	95%

出典：訪問介護およびデイサービスの数値は、『TKC経営指標(BAST)』より黒字企業の数値を筆者編集

2 有形固定資産額を用いた分解

　企業はその投資の方針によって「労働集約型」と「資本集約型」に分かれるといわれます。介護事業はいうまでもなく労働集約型ですが、介護事業においても労働生産性分析において有形固定資産を用いて分析することは重要です。労働生産性の高低の原因が有形固定資産であることも少なくないからです。

○有形固定資産額を用いた分解

$$\underset{\text{労働生産性}}{\frac{\text{付加価値額(円)}}{\text{従業員数(人)}^{※}}} = \underset{\text{労働装備率}}{\frac{\text{有形固定資産(円)}^{※}}{\text{従業員数(人)}^{※}}} \times \underset{\text{設備生産性}}{\frac{\text{付加価値額(円)}}{\text{有形固定資産(円)}^{※}}}$$

※前期当期平均

　有形固定資産額を従業員数で割った指標を「労働装備率」といい、付加価値額を有形固定資産額で割った指標を「設備生産性」といいます。労働装備率は、1人当たりの設備投資額をいい、訪問サービスにおいては低い数値となりますが、通所サービスや施設サービスにおいては高い数値となる事業者もあるでしょう。設備生産性は、設備の利用度を示している数値となります。これらを踏まえると、労働生産性を高めるためには、設備投資を進める、またはその利用

度を高めることが必要であることがわかります。たとえば、リハビリ機器を導入することで、それが売上高（付加価値）に大きく貢献してくれば、労働生産性に大きな差が生じることもあるでしょう。

❸人件費を用いた分解

　最後に人件費を用いた分解をご紹介しましょう。介護事業の経営者にとって最大の課題の１つが人件費の負担ではないでしょうか？介護事業においては、人件費をいかにコントロールするかが重要であり、また人件費をコントロールできるのは経営者ただ１人ということを忘れないでください。人件費は現場でいくら「コスト削減！」と叫んだところで削減できないのが現状です。ただし一方で、介護事業に限らずサービス業において売上の源泉はサービス提供者の従業員であることに間違いありません。その意味で、従業員１人ひとりが「商品」ともいえ、従業員の質が落ちると介護サービスの質もダイレクトに落ちるのも事実です。それを踏まえたうえで人件費を使って労働生産性を分解してみましょう。

○人件費を用いた分解

$$\text{労働生産性} = \text{１人当たり人件費} \div \text{労働分配率}$$

$$\frac{\text{付加価値額（円）}}{\text{従業員数（人）}^{※}} = \frac{\text{人件費（円）}}{\text{従業員数（人）}^{※}} \div \frac{\text{人件費（円）}}{\text{付加価値額（円）}}$$

※前期当期平均

　１人当たり人件費は、その名の通り１人当たりの平均人件費となっており、従業員にどれだけ手厚い保障をできているかどうかを示す指標です。次に労働分配率は、付加価値をどれだけ人材に分配できたかを示す指標です。ここでは、少し思考を変えて次のような算式に組み替えてみましょう。

○1人当たり人件費

$$\frac{人件費（円）}{従業員数（人）^{※}} = \frac{付加価値額（円）}{従業員数（人）^{※}} \times \frac{人件費（円）}{付加価値額（円）}$$

1人当たり人件費 ＝ 労働生産性 × 労働分配率

※前期当期平均

　この算式からわかることは、優秀な人材を確保するために1人当たり人件費を高めようとした場合には、労働生産性か労働分配率を高める必要があるということです。ただし、労働分配率というのは、付加価値の分配のうち従業員への分配率を高めるということなので、企業の財務体質を考慮すると他への分配とのバランス上、難しいことが多いです。そのため、やはり1人当たり人件費を高めようとする場合には、労働生産性を高めていく必要があるということでしょう。**図表3-5-6**を使って見てみましょう。

【図表3-5-6】

	A社 前期	A社 当期	(参考)訪問介護	(参考)デイサービス
付加価値額	4,000万円	4,500万円	7,956万円	9,778万円
人件費 (役員報酬除く)	2,700万円	2,900万円	4,513万円	4,647万円
従業員数(平均)	15人	16人	24人	24人
労働生産性	266万円	281万円	331万円	407万円
1人当たり人件費	180万円	181万円	188万円	193万円
労働分配率	67%	64%	56%	47%

出典：訪問介護およびデイサービスの数値は、『TKC経営指標（BAST）』より黒字企業の数値を筆者編集

　A社は当期に1人従業員を採用することで売上高を増加させ、労働生産性を高めました。その結果、1人当たり人件費を増加させながらも労働分配率も改善（低下）し、財務体質に改善が見られます。ただし、業界平均と比較すると労働分配率は依然として高い数値となっているためこの点に、さらなる改善課題があるといえます。

6 内部留保とは何か

(1) 内部留保とは

「内部留保」といってもあまりなじみのない言葉かと思います。または、特別養護老人ホームにおいて過大な内部留保を貯め込んでいるため適切に活用すべきといった指摘が一部有識者からあったこともありますので、内部留保と聞くとあまり良い印象を受けない方もいらっしゃるかもしれません。

内部留保とは、ひと言でいうと「過去の利益の蓄積額」です。会社は企業活動のなかで利益を稼ぎ出し、利益のなかから法人税等の税金を支払い、その残りから必要に応じて配当を株主に支払い、最後に残った利益剰余金を会社内に蓄えます。この利益剰余金の蓄積が内部留保と考えていただいて問題ないでしょう（図表3-6-1）。

【図表3-6-1】内部留保①

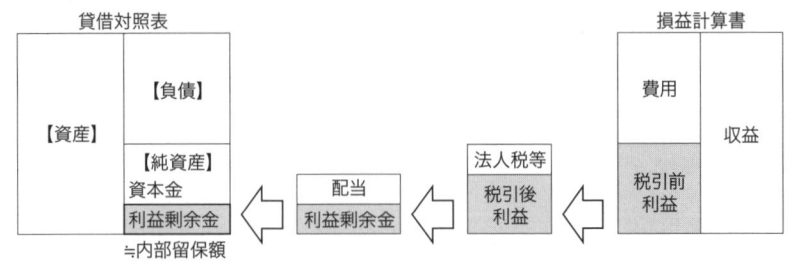

貸借対照表				損益計算書
【資産】	【負債】			費用 / 収益
	【純資産】資本金	← 配当 利益剰余金	← 法人税等 税引後利益	← 税引前利益
	利益剰余金 ≒内部留保額			

ただし、誤解を生みやすいのは、「内部留保＝現金」ではないということです。会社は株主（資本金）、または銀行（負債）から資金を調達して、もしくは年度を通じて稼ぎ出したキャッシュインフ

ロー（資金の流入）を利用して、この資金をさまざまな資産に組み替え、運営していきます。

たとえば、**図表3-6-2**のように、A社が第１期において利益を1,000万円稼ぎ出し、利益剰余金1,000万円を計上した例で見てみましょう。A社は１期目において投資は一切行わなかったため、１年間で稼ぎ出した1,000万円の利益は現金で残っていました。そのため、１期目の貸借対照表において、現金預金1,000万円と利益剰余金1,000万円は一致しています。

【図表3-6-2】内部留保②

第１期　A社貸借対照表（単位：万円）

現金預金	1,000	未払金	100
売掛金	200		
		負債合計	100
		資本金	100
		利益剰余金	1,000
		純資産合計	1,100
合計	1,200	合計	1,200

※現預金と利益剰余金は一致。

第１期　A社損益計算書（単位：万円）

費用	9,000	収益	10,000
利益	1,000		

第２期　A社貸借対照表（単位：万円）

現金預金	1,000	未払金	100
売掛金	200		
機械	1,000	負債合計	100
器具	1,000	資本金	100
		利益剰余金	3,000
		（当期純利益）	2,000
		純資産合計	3,100
合計	3,200	合計	3,200

※利益剰余金は現預金と一致しない。

第２期　A社損益計算書（単位：万円）

費用	13,000	収益	15,000
利益	2,000		

続いて2期目において、A社は手元にあった現金を使って機械や器具に2,000万円の投資を行いました。投資効果がうまく出て2期目の利益は2,000万円となりました。この場合、2期目の貸借対照表を見てみると、利益剰余金は1期目1,000万円と2期目で稼ぎ出した2,000万円の合計3,000万円であるのに対し、現金預金は1,000万円しかありません。稼ぎ出した内部留保額を使って機械や器具に投資した結果、手元に残る現金は1,000万円であったということです。

このように、会社は発展のために常に新陳代謝を行い、資産や負債に資金を組み替えて活動しています。そのため、稼ぎ出した利益の蓄積である利益剰余金、つまり内部留保額が常に現金として会社に残っているとは限らないのです。

(2) 内部留保はあったほうがいいのか？

会社に資金が流入するパターンは次の3パターンのみです。

---

①株主からの増資（資本金の増加）
②銀行からの借入（負債の増加）
③営業活動によるキャッシュインフロー

会社はこれらの資金をさまざまな資産に組み替え会社を運営していきます。ここでは③の営業活動によるキャッシュインフローについて考えてみましょう。収益により会社に流入した資金から費用を支払った残りが利益となり、そこから配当を支払った残りが利益剰余金として会社に留保され、会社は将来にわたって発展していくための資金源とします（**図表3-6-3**）。しかし一方で、会社に利益剰余金を残すということは、給与による従業員への還元や配当による株

主への還元が足りなかったという見方もできます。会社を社会的公器とする視点からは、利益剰余金は悪という見方も成り立つわけです。

【図表3-6-3】内部留保③

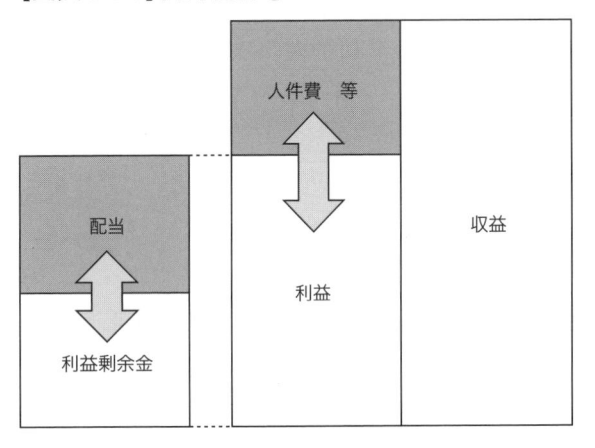

ただ、会社は継続企業として発展し続けることで、従業員や株主に対して長期にわたり還元し続けていくべきという視点から見れば、短期的判断から給与の増額や配当を決断すべきではありません。適切な内部留保額を蓄え、財務体質を強化し優秀な人材や有効な投資に資金を回すことで会社を長期的に発展させることが会社の存在意義ともいえるでしょう。また、銀行との関係で内部留保を考えると、内部留保額は大きければ大きいほど融資の際に有利です。内部留保額が大きいということは、会社に「稼ぐ力」があるということの証明になるためです。逆に利益剰余金だけでなく純資産額もマイナスの状態、つまり債務超過の状態に陥ると融資審査で非常に不利になります。

(3) 配当はしたほうがいいのか？

　会社は決算期末において、利益剰余金のなかから株主に配当するか否かの決断をします（ただし、この点について配当を行えるのは株式会社、有限会社、持分会社の営利法人のみであり、社会福祉法人や医療法人、NPO法人、社団・財団法人等は配当を行うことはできません）。具体的には、配当を行い株主に利益を還元するか、次期以降の人材確保や投資等に備えるために内部留保として蓄えておくという判断を行うことになります。ただし、中小企業においては、株主＝経営者となっていることがほとんどですので、株主に配当することと内部留保として会社に資金を蓄えることは大した違いはありません。そのため中小企業において配当を行っている会社は多くはありませんが、参考までに配当に関する指標をご紹介します。

○配当性向

$$配当性向(\%) = \frac{配当金(円)}{税引後当期純利益(円)}$$

　配当性向とは、税引後利益のうちどの程度の割合で配当が行われたかを示す指標です。この比率が高ければ株主へしっかりと還元を行っているともいえ、逆に財務体質強化という視点が足りないともいえます。

第4章

介護事業の資金繰り
&事業投資入門

1 手元にお金がないのに税金が高いのはなぜ？

（1）利益と手元資金は一致しない

　税金は、手元に残っているお金の残高を基準にして課税されるわけではなく、事業者の利益に課税されるわけですが、その利益は発生主義にて計算されます。発生主義とは、介護サービスを提供した時点で売上を認識し、経費も同様に業者等からサービスを受けた時点で認識する経理方式です。介護事業でいえば、介護報酬のうち1割の利用者負担金は、通常、利用時に現金で回収しますが、残り9割の介護給付分は、その場で回収できるわけではありません。翌月に請求し、さらにその翌月25日に回収できるのが通例です。3月のサービス利用に対する入金は、翌々月の5月25日になって、ようやくその全額が回収できることになります。しかし、税金計算は、前述の通り利用者へのサービス利用があった時点で、売上があったものと考えるため、入金の有無にかかわらず、売上があったものとして申告する必要があります。

　極端な例で説明してみましょう。利用者へのサービス提供は済んでいても、国保連への請求を完全に失念していた場合（経費支払いはゼロだとします）には、利用者負担分の1割しか手元資金がなくとも、介護報酬全体（10割分）の税金を支払うことになります。法人の実効税率を38％としますと、利用者負担分の3.8倍の税金を支払うことになるわけです。国保連に請求しない限り、売上を認識しなくともよいというわけではないのです。もちろん、利用者負担分のもらい忘れがあった場合にも、サービスを提供している以上は、

もらい忘れている分も売上と認識します。現金売上の計上漏れは、税務調査においてもチェックされる可能性が高いポイントですので、利用者負担分の現金管理もしっかりやりましょう。

3月31日を決算日とする法人の場合、5月31日が法人税の申告・納付期限となります。3月のサービス提供による介護報酬は、5月申告時には、3月までの売上として申告することになります。毎月の介護報酬額が50万円（うち5万円は利用者負担分）として1年分の利益・税金額と手元資金を比べてみましょう。毎月の経費は40万円ですべて現金で当月中に支払うものとします（**図表4-1-1**）。

【図表4-1-1】パターン①

発生主義による利益と税金（初年度）　　　　　　　　　　　　　　　　単位：万円

	4月	5月	6月	7月	8月	9月	10月	11月	12月	1月	2月	3月	合計
売上高①	50	50	50	50	50	50	50	50	50	50	50	50	600
うち1割分	5	5	5	5	5	5	5	5	5	5	5	5	60
うち9割分	45	45	45	45	45	45	45	45	45	45	45	45	540
経費②	-40	-40	-40	-40	-40	-40	-40	-40	-40	-40	-40	-40	-480
差引利益（①+②）	10	10	10	10	10	10	10	10	10	10	10	10	120
利益の累計額	10	20	30	40	50	60	70	80	90	100	110	120	

法人税等　**46** 万円（実効税率38%）

※法人税等の金額は小数点以下を切り上げています。

実際の手元資金額

	4月	5月	6月	7月	8月	9月	10月	11月	12月	1月	2月	3月	4月	5月	合計
入金額①	5	5	50	50	50	50	50	50	50	50	50	50	50	50	610
うち1割分	5	5	5	5	5	5	5	5	5	5	5	5	5	5	70
うち9割分	0	0	45	45	45	45	45	45	45	45	45	45	45	45	540
支払費②	-40	-40	-40	-40	-40	-40	-40	-40	-40	-40	-40	-40	-40	-40	-560
差引手元資金（①+②）	-35	-35	10	10	10	10	10	10	10	10	10	10	10	10	50
手元資金の累積額	-35	-70	-60	-50	-40	-30	-20	-10	0	10	20	30	40	50	

税金計算上は、お金を回収していなくとも売上として認識し、利益計算をします。その結果、1年分の利益は120万円。税金は約46万円になります。この税金を5月31日までに支払うわけですが、実際の税金支払い前の5月の手元資金は、25日に9割分の介護報酬（3月分）を回収できて50万円です。税金を払えないことはありませんが、ギリギリの資金繰り（50万円－46万円＝4万円）になり

ます。この資金繰りと税金計算にズレが生じるところが、介護事業経営の怖いところです。開業から2か月間は、介護報酬の1割分の資金しか通常、回収できないため、創業初年度の資金繰りは注意が必要となります。お金はなくとも、利益がゼロとは限らないのです。

（2）経費の支払いが翌月の場合は？

ちなみに、経費をその月にすべて支払うという設定で計算しましたが、経費の支払いがすべて翌月払いのときには、どう変わるのか検証してみましょう（**図表4-1-2**）。

【図表4-1-2】パターン②

発生主義による利益と税金(初年度)　　　　　　　　　　　　　　　単位：万円

	4月	5月	6月	7月	8月	9月	10月	11月	12月	1月	2月	3月	合計
売上高①	50	50	50	50	50	50	50	50	50	50	50	50	600
うち1割分	5	5	5	5	5	5	5	5	5	5	5	5	60
うち9割分	45	45	45	45	45	45	45	45	45	45	45	45	540
経費②	-40	-40	-40	-40	-40	-40	-40	-40	-40	-40	-40	-40	-480
差引利益(①+②)	10	10	10	10	10	10	10	10	10	10	10	10	120
利益の累計額	10	20	30	40	50	60	70	80	90	100	110	120	

法人税等 46 万円（実効税率38%）

実際の手元資金額(経費は翌月払い)

	4月	5月	6月	7月	8月	9月	10月	11月	12月	1月	2月	3月	4月	5月	合計
入金額①	5	5	50	50	50	50	50	50	50	50	50	50	50	50	610
うち1割分	5	5	5	5	5	5	5	5	5	5	5	5	5	5	70
うち9割分	0	0	45	45	45	45	45	45	45	45	45	45	45	45	540
支払費②	0	-40	-40	-40	-40	-40	-40	-40	-40	-40	-40	-40	-40	-40	-520
差引手元資金(①+②)	5	-35	10	10	10	10	10	10	10	10	10	10	10	10	90
手元資金の累積額	5	-30	-20	-10	0	10	20	30	40	50	60	70	80	90	

利益と税金の金額は変わりません。発生主義では、回収・支払いの時期によって利益が変わることがないからです。一方で手元資金は、経費の支払い時期が1か月後ろにズレ込むため、翌年5月の手元資金は1か月分の経費40万円だけ、パターン①（**図表4-1-1**）より多くなっています。これなら税金を5月31日に支払っても、手

元資金は44万円（90万円－46万円）残ることになるので、税金の支払いで資金繰りがショートすることはないでしょう。利益と手元資金は一致しない。これを理解しておくことは、介護事業経営の必須事項といえるでしょう。

2 稼働率が高いのに資金ショートするのはなぜ？

（1）職員増による資金ショートの可能性

「稼働率が高い＝利用者（顧客）が多い」ということです。当然、介護報酬額も増えていくので利益が増えることが通常です。ただし、前述した通り、利益は発生主義にて計算されます。実際の介護報酬の入金がサービス提供後の2か月後であっても、発生主義ではサービスを提供した月の売上と認識しなくてはいけません。その一方で職員への給料は、2か月後ではなく、毎月1回以上、一定の期日を定めて支払う必要があります（労働基準法第24条第2項）。つまり、介護報酬が国保連から振り込まれてくるのが2か月後であっても、給料は介護報酬が振り込まれる前に支払わなくてはいけないのです（**図表4-2-1**）。事業が忙しくて職員を増やす場合は、この人件費の1か月分について、入金前に先払いすることになり、そこで資金ショートが起こる可能性が高くなります。

【図表4-2-1】資金繰りの流れ①

| 利用者へ介護サービス提供 | ⇒ | 人件費の支払い | ⇒ | 介護報酬の入金 |

（2）ファクタリングの活用

自己資金が乏しい場合には、資金ショートを防ぐために2か月分の経費を賄える資金を融資で調達する、もしくはファクタリングを利用することになります。ファクタリングとは、介護事業者が有す

る売掛金（国保連に請求したが、まだ入金されていない介護報酬）をファクタリングサービス会社へ売却することで、2か月を待たずに資金化できる仕組みです。ファクタリングサービス会社への手数料はかかりますが、資金繰りは、劇的に改善できます。介護事業所の立ち上げ当初や、事務所拡大による職員の増加時に、金融機関から融資を受けることが難しい事情がある場合は、ファクタリングを検討すべきでしょう。資金繰りの流れが**図表4-2-2**のように変わります。

【図表4-2-2】資金繰りの流れ②

| 利用者へ介護サービス提供 | ⇒ | 介護報酬の入金 | ⇒ | 人件費の支払い |

3 新しい事業所を増やしたい

（1）融資を受ける際に知っておきたいポイント

　利用者も順調に増えて稼働率も上がるなか、事業所を新たに増やしたいと考えるのは、当然の流れです。しかし、事業所を増やすにはお金がかかります。人件費等の通常のランニングコストは、介護報酬のファクタリングで補うことも可能ですが、事業所を増やすための設備投資は自己資金が潤沢な場合を除いて、通常は金融機関からの融資で対応することになるでしょう。融資を受けるときに、知ってほしいポイントがあります。

> ①設備投資額は、その支払い時に全額経費になるわけではない。
> ②借入返済額そのものは経費とならない。代わりに減価償却費で経費化する。
> ③借入返済額＞減価償却費の状態のときは注意する。

　①については、法人税法で10万円以上の資産についてどのように経費処理するかの選択肢があります。具体的には**図表4-3-1**のようになります。

【図表4-3-1】購入金額ごとの減価償却パターン

購入金額	経費処理方法（いずれかを選択）		
10万円未満	全額、経費処理		
10万円以上20万円未満	耐用年数で減価償却	全額、経費処理（※）	3年で減価償却
20万円以上30万円未満		全額、経費処理（※）	
30万円以上		―	

※ただし、事業年度内の購入額合計は300万円を限度とします。

10万円未満の設備（たとえば、パソコン等）は、減価償却を選択するか、もしくは購入時にその全額を経費処理（消耗品費等で処理）するかのいずれかを選択します。通常は、経理処理の簡便化と節税効果を優先するため、全額を経費処理するのが一般的です。
　全額を経費処理することはシンプルで、特に悩むことはないでしょう。しかし、減価償却となると少し面倒になります。ここで減価償却とは、どういうものなのか補足いたします。

（2）減価償却の考え方

　たとえば、車を購入した場合をイメージしてみましょう。年数がよほど経過した中古自動車でもない限り、1年しかその車を使わないということはありません。数年間はその車を介護事業のために使います。つまり、車の使用は数年間に渡るため、その使用期間に応じて経費処理をするのが合理的だと考えられ、この考え方が減価償却の基本となります。実際に、どのように減価償却費を計算して経費処理をするのかを確認してみましょう。
　まずは耐用年数を決定します。耐用年数とは、わかりやすくいえば、何年かけて全額を経費処理できるかという期間のことです。この耐用年数は、資産の種類・用途・材質などによって、税法で定められており、耐用年数10年の資産であれば、10年かけて経費処理するイメージです。このときの経費科目を減価償却費といいます。100万円を10年かけて経費処理するので、1年当たりの経費計上できる金額は、100万円÷10年＝10万円となります。
　なお、建物・内部造作については、定額法という償却方法しか選択できませんが、車両等の他の資産については、定率法（耐用年数の前半の減価償却費が多くなり、節税効果を早く得たい場合には、

定額法よりも有利）の選択もあります。法人の償却方法は、償却方法の変更届出をしない限り、自動的に定率法となります。実際の減価償却費の計算では、償却費の累積額が購入価格の95％に達した場合には調整計算が入ります。詳細は割愛しますが、パターン③（**図表4-3-2**）の計算式と一致しない年度もありますのでご注意ください。

　10万円以上20万円未満の資産については、さらに選択肢が増えます。「耐用年数に応じた減価償却」「全額を経費処理」「3年で減価償却」の3つのパターンがあります。ちなみに、「全額経費処理できるのに、3年で減価償却を選択するメリットがあるのか？」と疑問を感じる方もいると思いますが、3年償却を選択した資産は償却資産税の課税対象から外れるというメリットがあります。介護事業は、設備投資も多くなることから施設・事務所設備に償却資産税が、通常課税されます。そのため、少しでも課税対象になる資産を減らしたい場合は、3年償却を選択することも有効なのです。

　20万円以上30万円未満の資産については、3年償却は選択できなくなりますが、全額を経費処理することが可能です。なお、購入金額の判定を消費税込みの金額で判断するか、消費税別の本体価格で判定するかは、その会社の経理処理が税込経理であれば税込価格で、税抜経理であれば税抜価格で判定します。介護事業者は、介護報酬が消費税の非課税収入となることが多いため、消費税の免税事業者（消費税の申告をしない事業者）であることも多いのですが、その場合は、税込価格で判断します。介護事業者は、賃貸物件であっても内装工事などに数百万円単位でお金をかけることも珍しくないため、減価償却という考え方を無視することはできません。たとえば、1,000万円の事務所建屋（木造事務所）を建設した場合には、木造事務所の耐用年数は24年と定められていますので、1,000万円÷

24年≒41万円（1万円未満は端数切り捨て、以下同）が、1年当たりの減価償却費となるわけです。

　1,000万円を支払っても、その年では41万円しか経費にできないわけで、ここで利益と資金のズレが出てきます。1,000万円全額を借入して、5年で返済（月額返済額1,000万円÷5年÷12か月≒16万円）するケースで、新事業所単体での利益と手元資金のズレを確認してみましょう。なお、今回は新事業所設置前の手元資金が150万円あると仮定します。

【図表4-3-2】パターン③

発生主義による利益と税金(初年度)　　　　　　　　　　　　　　　　単位：万円

	4月	5月	6月	7月	8月	9月	10月	11月	12月	1月	2月	3月	合計
売上高①	50	50	50	50	50	50	50	50	50	50	50	50	600
うち1割分	5	5	5	5	5	5	5	5	5	5	5	5	60
うち9割分	45	45	45	45	45	45	45	45	45	45	45	45	540
経費合計②	-40	-40	-40	-40	-40	-40	-40	-40	-40	-40	-40	-40	-480
うち減価償却費	-3	-3	-3	-3	-3	-3	-3	-3	-3	-3	-3	-3	-36
うちその他の経費	-37	-37	-37	-37	-37	-37	-37	-37	-37	-37	-37	-37	-444
差引利益（①+②）	10	10	10	10	10	10	10	10	10	10	10	10	120
利益の累計額	10	20	30	40	50	60	70	80	90	100	110	120	

法人税等 46万円(実効税率38%)

実際の手元資金額

	4月	5月	6月	7月	8月	9月	10月	11月	12月	1月	2月	3月	4月	5月	合計
入金額①	5	5	50	50	50	50	50	50	50	50	50	50	50	50	610
うち1割分	5	5	5	5	5	5	5	5	5	5	5	5	5	5	70
うち9割分	0	0	45	45	45	45	45	45	45	45	45	45	45	45	540
経費合計②	-40	-40	-40	-40	-40	-40	-40	-40	-40	-40	-40	-40	-40	-40	-560
設備投資額③	-1,000	0	0	0	0	0	0	0	0	0	0	0	0	0	-1,000
減価償却費分④	3	3	3	3	3	3	3	3	3	3	3	3	3	3	42
借入調達額⑤	1,000	0	0	0	0	0	0	0	0	0	0	0	0	0	1,000
借入返済額⑥	-16	-16	-16	-16	-16	-16	-16	-16	-16	-16	-16	-16	-16	-16	-224
差引手元資金増加額（①+②+③+④+⑤+⑥）	-48	-48	-3	-3	-3	-3	-3	-3	-3	-3	-3	-3	-3	-3	-132
当初準備資金	150	0	0	0	0	0	0	0	0	0	0	0	0	0	
手元資金の累積額	102	54	51	48	45	42	39	36	33	30	27	24	21	18	

この資金から法人税等46万円を支払うことになりますが、残高が足りません。

（3）減価償却費と返済額のズレを把握する

　図表4-3-2の利益と手元資金の差を見る前に、借入返済額と減価償却費の金額が違うところに着目しましょう。借入返済額16万円に対して、減価償却費は3万円（41万円÷12か月≒3万円（本ケースでは1万円未満は端数切り捨てとします）です。経費処理している金額が3万円なのに、実際の資金支出額は16万円と、13万円相当の差が生じています。仮に毎月の利益が0円の場合は、何とか赤字に陥らなくて済んでいると思っていたら、実は差額の13万円を利益ゼロの状態なのに支払っていることになります。資金繰りとしては赤字となるわけです。この減価償却費と返済額のズレを理解しておかないと、利益は出るのになぜか資金は足りないというジレンマに陥ります。図表4-3-2でも3月時点で、利益は120万円あるのに、実際の3月の手元資金は24万円しかありません。さらに5月の納税時期には、新事業所の手元資金だけでは税金が支払えないという状態になります。

　このような場合は、設備投資額を見直して借入額そのものを減らします。もしくは、返済期間を5年より延ばして、毎月の返済額を減らします。不足分を現事業所の手元自己資金で補てんするなどの手元資金額のシミュレーションを見直す必要が出てきます。事前に図表4-3-2のようなシミュレーションをエクセル等で試算してから、新事業所の設置を考えましょう。

　ちなみに、「減価償却費＞借入返済額」となっている場合には、利益以上に資金が増加していることになります。介護事業を経営していくなかで毎月の利益を試算表等の資料で確認していくことになるでしょうが、減価償却費と借入返済額の差額をつかんでおくと、実際の資金繰りと利益とのズレの原因がつかめるヒントとなると思

います。

（4）借入額と返済年数を決めるときの目安

　また、借入返済の原資は、当たり前ですが税金を支払ったあとの利益（税引き後利益）から捻出することになります。返済はするけど税金は払わないというわけにはいきませんので、税金の支払いをしたうえで返済もできる利益を出さないと、経営は成り立ちません。次に挙げる計算式を、借入額やその返済年数を決めるときの目安としていただくのも有効です。無理のない返済年数を設定することは、事業を継続させていくうえで大切なことです。

借入額÷（税引き後利益＋減価償却費）≦返済年数

※税引き後利益＝税引き前利益×（1－実効税率）として、計算しても差し支えないでしょう。実効税率は、現在38％が目安となります。
（復興特別法人税廃止後は、35％が目安となる見込みです）

　この算式の借入額を、設備投資額と読み替えれば、投資の回収年数≦返済年数という算式にもなります。借入返済の原資＝投資の回収額ということになるわけですから、何年で投資額を回収するかという目安を考えながら事業所への投資を決定しましょう。

4 職員を1名増やすべきかは何を基準に判断する?

(1) 判断ポイントは2つ

「忙しくなってきたので職員を増やしてほしい」

自分の業務量を少しでも減らしたいと考える現場職員のもっともな要望ですが、経営者としては、それだけの理由では新たに職員を採用できません。当たり前ですが、採用すれば人件費が増えて収益を圧迫します。増える人件費を上回る利益が回収できるかどうかの見極めが必要になります。人件費については、ぜひ知っておいていただきたい2つのポイント(**1**と**2**)があります。

1 人件費割合の平均

介護事業における人件費割合の平均は、訪問系で72%、施設系(入所型)で58%、施設系(通所型)で62%です(公益財団法人介護労働安定センター「平成24年度介護労働実態調査」より)。介護報酬が増えても、人件費を差し引いた手元に残る利益は訪問系の場合、28%(100%−72%)が標準ということになります。

2 法定福利費の負担

人件費を考えるときには、職員への支給額以外に、社会保険・労働保険料等の「法定福利費」の負担も必要になります(**図表4-4-1**)。会社負担額の目安は、総支給額の15.555%です。毎年9月に厚生年金保険料率が改定されることも加味しますと法定福利費率は、人件費のおおむね16%と考えてもよいでしょう(2014〔平成26〕年4月

時点での負担率です。健康保険料・介護保険料は、東京都での料率です)。正社員の労働時間の4分の3未満のパート・アルバイトは社会保険料の負担は不要となります。また、1週間の所定労働時間が20時間未満の場合は、雇用保険料の負担は不要です。労災保険料は、正社員・パート・アルバイトの名目にかかわらず全額を会社が負担します。

【図表4-4-1】介護事業者の法定福利費の詳細

法定福利費	法定福利費の内容	会社負担率	職員負担率	合計負担率
社会保険料	健康保険料	4.985%	4.985%	9.970%
	介護保険料	0.860%	0.860%	1.720%
	厚生年金保険料	8.560%	8.560%	17.120%
労働保険料	雇用保険料	0.850%	0.500%	1.350%
	労災保険料	0.300%	0.000%	0.300%
合計		15.555%	14.905%	30.460%

※介護保険は、40歳以上65歳未満の方が対象

通常は、売上(介護報酬)が、増えると業務量も増えていくため、それに対応する職員の人件費も増加していきます。その際に、法定福利費の存在を忘れないようにしましょう。

❸月給20万円の正社員を採用する場合

たとえば、訪問介護事業者が月給20万円の人を採用する場合には、法定福利費率を16%と考えれば、20万円×16%＝3万2,000円の法定福利費が別途かかります。人件費合計は、20万円＋3万2,000円＝23万2,000円になります。訪問系の人件費率が72%ということですので、人件費÷72%で必要な売上高が計算できます。

23万2,000円÷72%≒32万2,000円の売上が必要になります。月給20万円の正社員を採用したうえで業界平均の適正な利益を得るためには、売上を32万2,000円増やす必要があるわけです。増え

る売上高が23万2,000円未満なら人を増やすと赤字（利益が減る）、23万2,000円以上なら赤字にはなりません。32万2,000円で健全な経営ができているというわけです。

（2）1人当たり売上高を意識した採用計画

「1人採用したら、いくら売上を増やす必要があるか？（1人当たり売上高）」という目安を意識して採用をしなければ、人件費だけが増えて利益はわずかという状態に陥り、忙しいのになぜか儲からないということになります。今後、利用者がどのようなペースで増えていくか（増やしていくか）を考えながら、どのタイミングで黒字転換するのかを見極めて採用計画を考えていきましょう。

ちなみに、「平成24年度介護労働実態調査」によれば、介護事業の形態別の実賃金（残業・休日手当も含む税込み賃金）は、下記（**図表4-4-2**）のようになっています（折れ線グラフは、月の実働時間）。介護事業所全体での正社員1人当たりの実賃金は23万3,666円となります。この実賃金に法定福利費率を乗じて、人件費や必要な売上高を計算する際の目安としてください。時給者の場合は、社会保険に加入するほどの勤務時間でなければ、社会保険料分を減らした法定福利費率で計算しましょう。

【図表4-4-2】介護事業の形態別実賃金

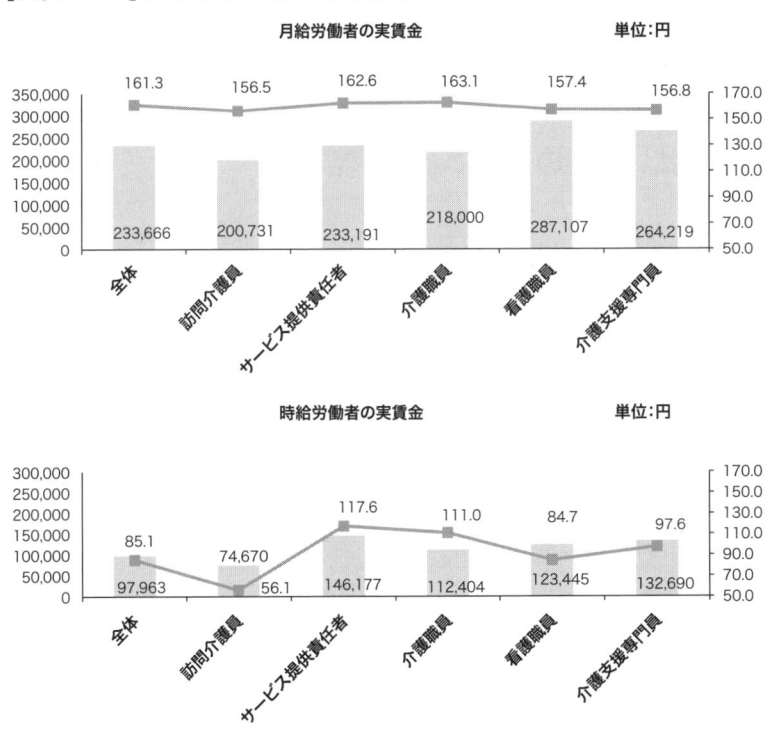

月給労働者の実賃金　単位：円

区分	実賃金	指数
全体	233,666	161.3
訪問介護員	200,731	156.5
サービス提供責任者	233,191	162.6
介護職員	218,000	163.1
看護職員	287,107	157.4
介護支援専門員	264,219	156.8

時給労働者の実賃金　単位：円

区分	実賃金	指数
全体	97,963	85.1
訪問介護員	74,670	56.1
サービス提供責任者	146,177	117.6
介護職員	112,404	111.0
看護職員	123,445	84.7
介護支援専門員	132,690	97.6

第4章　介護事業の資金繰り＆事業投資入門

5 送迎車の購入は現金、ローン、リースのどれがおすすめ？

（1）支払い形態の違いによる節税効果

　送迎車の購入は、介護事業者にとって大きな負担であり、資金繰りを考えるとローン、またはリースを選択されるケースも多いと思います。当たり前ですが、ローンであれば金融機関への金利負担が生じますし、リースであればリース会社の利益が本体価格に上乗せされるため、現金で購入するよりも総支払額は多くなることが一般的です。手元現金が潤沢であれば、いうまでもなく総支出額がもっとも少ない現金購入を選択するべきでしょう。借入利率にもよりますが、通常は、現金＜ローン＜リースの順番で総支払額が増えていきます。

　それでは、3つの支払い形態での節税効果はどうなるのでしょうか？　仮に総支払額が3つとも同額だとして、200万円の送迎車を購入、またはリースした場合の経費の計上時期がどのように違ってくるのかを確認してみましょう。送迎車の耐用年数（耐用年数は新車・中古車の違い、車両の形態による違いがありますので、個別の事情に応じて変わります。一般旅客自動車運送事業の許可を受けない事業者の使用する送迎車は、貨物自動車として登録されていない限りは、通常の乗用自動車となるため、新車の送迎車〔軽自動車を除く〕の耐用年数は6年になることが通例だと思われます）が5年の場合で、リース期間も同じ5年とします。

1 現金・ローンで購入した場合

現金・ローンで購入した場合は、5年間で減価償却費として経費処理していきます。介護事業者は法人であるため、車両の原則的な償却方法は定率法となります。定率法の特徴として、耐用年数の前半の減価償却費が多くなり、後半では逆に少なくなっていきます。つまり、購入当初で経費になる金額が多くなるわけです。定率法の減価償却費は、下記の算式で計算されるためです。未償却残高が少なくなるほど、減価償却費は少なくなっていきます。

> 定率法での減価償却費＝未償却残高(購入価額－償却累計額)×償却率
> ※償却累計額は、その年度より前の減価償却費の合計額です。

2 リースで購入した場合

一方、リースの場合は支払ったリース料が経費になるため、毎月同額の金額で経費を計上することになります。事業年度の月数が同じであれば、どの事業年度でも経費になるリース料は変わりません。

3 減価償却費とリース料の比較

定率法での減価償却費とリース料とをグラフで比較してみましょう(**図表4-5-1**)。ちなみに耐用年数5年での定率法償却率は「0.4」です。

【図表4-5-1】減価償却費とリース料の比較

経費計上額の比較

総支払額200万円　耐用年数5年　償却率0.4%の場合

使用年数	1年目	2年目	3年目	4年目	5年目	合計
現金・ローンの場合	80	48	29	17	26	200
リースの場合	40	40	40	40	40	200

経費計上額の推移

	1年目	2年目	3年目	4年目	5年目
現金・ローンの場合	80	48	29	17	26
リースの場合	40	40	40	40	40

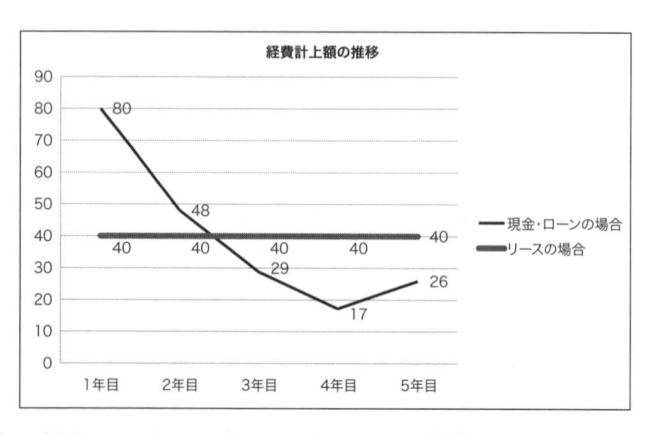

　現金一括払いであっても、ローンでの分割払いであっても、購入ということに変わりはありません。そのため減価償却費の計上額・計上時期は同じになります。グラフを見ますと、購入後2年目までは、現金・ローンで購入した場合のほうが、経費計上額は多くなります（減価償却費＞リース料）。ただし、3年目からは、減価償却費＜リース料となり、逆転します。5年間を通じてみれば、ともに経費合計は200と同額になるので、5年間通しての節税効果は同じです。しかし、事業者の気持ちとしては、少しでも早く税金を減らしたいというのが正直なところでしょう。税金が少ないほうが、手元の資金にゆとりが生まれます。

（2）資金状況に応じて判断する

　こう考えると、リースよりも早く経費処理ができて、かつ支払いはリースと同じペースで払えるローンは、資金の早期支出を抑え、かつ節税効果を早く享受(きょうじゅ)できるという点でメリットがあるといえます。購入額（支払額）－節税額＝実質支払額と考えた場合の5年間の実質支払額の推移を見てみましょう（**図表4-5-2**）。ローンでの

購入を選択すると当初の実質支払額が少ないため、購入後の資金繰りを考えると、もっともメリットがあるといえます。節税を含めた資金繰りを考えるとローンでの購入で、トータルでの支払額を最小にしたいなら現金購入を選ぶことになるでしょう。

【図表4-5-2】資金流出額の比較

	使用年数	1年目	2年目	3年目	4年目	5年目	合計
A	現金購入での支出額	200	0	0	0	0	200
	ローン購入での支出額	40	40	40	40	40	200
	リースでの支出額	40	40	40	40	40	200
	使用年数	1年目	2年目	3年目	4年目	5年目	合計
B	現金購入での経費計上額	80	48	29	17	26	200
	ローン購入での経費計上額	80	48	29	17	26	200
	リースでの経費計上額	40	40	40	40	40	200
	使用年数	1年目	2年目	3年目	4年目	5年目	合計
C：節税額 (B×実効税率)	現金購入の場合	30	18	11	7	10	76
	ローン購入の場合	30	18	11	7	10	76
	リースの場合	15	15	15	15	15	76

※実効税率を38%として計算

	使用年数	1年目	2年目	3年目	4年目	5年目	合計
D：実質支払額（A−C）	現金購入の場合	170	-18	-11	-7	-10	124
	ローン購入の場合	10	22	29	33	30	124
	リースの場合	25	25	25	25	25	124

　リース（ここでのリースは、途中解約ができない〔解約時にはリース残額の一括支払いが必要〕となる、いわゆるファイナンスリースを前提としています。リースと呼ぶ取引は、このファイナンスリースに該当することが一般的です）は、支出額だけを考えるとメリットが乏しく、節税効果を早く得ることもできませんが、メンテナンスや保険・納税等の管理事務をリース会社が代行してくれるため、事業者の手間が減らせます。さらに、金融機関の融資枠は温存されることになるため、資金調達の選択肢が増えるというメリットもあります。3つの形態のどれを選択しても一長一短がありますので、資金状況に応じた選択が求められます。

6 サ高住を建てる場合の検討事項と事業計画

(1) サービス付き高齢者向け住宅とは

　サービス付き高齢者向け住宅(サ高住)は、2011 (平成23) 年に「高齢者の居住の安定確保に関する法律 (高齢者住まい法)」の改正により登録制度がスタートした、高齢者単身・夫婦世帯が安心して居住できる住まいのことです。

　超高齢社会の到来を受け、政府が積極的に推進している事業であり、その普及促進のため下記のようにさまざまな優遇策が講じられています。

・補助金交付…建設費の10分の1、または改修費の3分の1(上限：1戸当たり100万円)
・税制優遇……所得税・法人税の割増償却、固定資産税の減額、不動産取得税の軽減
・融資制度……住宅金融支援機構(最高で対象事業費の100％)

　「高齢者単身・夫婦世帯が安心して居住できる賃貸等の住まい」がコンセプトで、「高齢者にふさわしいハード」と「安心できる見守りサービス」、両方の基準を満たしていなければ登録できません。

　ハードとしてはバリアフリー構造であること、一定の面積や設備を備えていること等の要件があります。一方、見守りサービスとしては安否確認と生活相談が必須であり、ケアの専門家が少なくとも日中 (おおむね9～17時) 建物に常駐し、これらのサービスを提供

します。ここでケアの専門家とは、社会福祉法人・医療法人・指定居宅サービス事業所等の職員の他、医師、看護師、介護福祉士、社会福祉士、介護支援専門員、介護職員初任者研修課程修了者などが該当するものとされています。多くの場合には夜間においてもスタッフを配置し、緊急時の対応ができるようになっています。

また前述した必須サービスの他、介護・医療・生活支援サービスが提供されている場合があり、なかでも食事の提供は住宅の運営主体から行われているケースがほとんどです。提供されていないサービスについては、必要に応じて併設、または外部の事業者等と別途契約を結ぶことで提供されます。

このように高齢者住宅に介護サービスが組み込まれ一体的に提供されるサービスは、利用者にとっても大変ありがたいものですが、一方で介護事業者にとっても利用者の安定確保など大きな利点があり、適正な運営を行えば今後も大きな価値を生むことでしょう。

一部では「入居率アップのため家賃を低く抑え、建物自体の収益は赤字になっているものの、併設の介護サービスから生じる収益で全体の収支を保っている」といった事業計画のもとで運用しているケースも見受けられますが、このような経営は今後の制度改正のなかで破綻をきたす可能性もあり、非常に大きなリスクをはらんだものであるといえます。賃貸住宅事業と併設の介護サービス事業、それぞれが採算の合う計画のもとで運営されることが重要です。

（2）事業パターン

サ高住は、建設による土地活用、賃貸住宅の経営、介護サービスの提供などの複合事業ですので、介護事業者が進出するにあたっても次のようにさまざまなパターンが考えられます。

❶介護事業者が自ら建設し、自ら運営する

　介護事業者がサ高住事業に必要な土地を保有している場合においてこのパターンを選択することが考えられます。建設後は賃貸住宅事業と介護事業、双方の経営を自ら行いますので、空室のリスクは介護事業者が負うことになります。

❷地主が建物を建設し、介護事業者が一括で借り上げる

　最も一般的な「建て貸し」という方式です（地主と介護事業者の間に管理会社が入る場合もあります）。地主が土地活用の一環としてサ高住を建設し、介護事業者が一括で借り上げます。この場合、建設に伴う多額の資金準備は不要となる一方、建設主ではありませんので補助金は受けられません。このパターンにおいても賃貸住宅事業と介護事業の経営を自ら行いますので、空室のリスクは介護事業者が負っています。

❸地主が建物を建設し、管理会社が一括で借り上げ、介護事業者にテナント貸しする

　入居者の募集や契約などは管理会社が行います。そのため介護事業者が空室のリスクを負うことはありません。サ高住の建物の一角に事業所を賃借し、入居者への介護サービスを提供する形となります。

(3) 建設主としての検討事項

　介護事業者自らがサ高住を建設する場合、自治体への登録申請の他、補助金や融資の活用も重要な検討項目となります。

　まず、サ高住の事業に関する登録申請の流れに触れておきます（**図表4-6-1**）。

【図表4-6-1】補助申請にかかわる事前審査の実施フロー

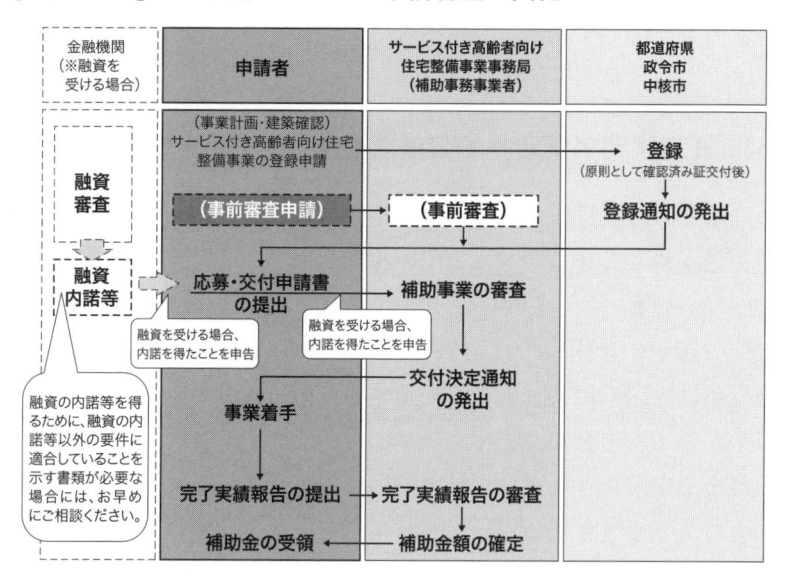

金融機関 (※融資を 受ける場合)	申請者	サービス付き高齢者向け 住宅整備事業事務局 (補助事務事業者)	都道府県 政令市 中核市
融資 審査	(事業計画・建築確認) サービス付き高齢者向け住宅 整備事業の登録申請		登録 (原則として確認済み証交付後)
	(事前審査申請) →	(事前審査)	登録通知の発出
融資 内諾等	応募・交付申請書 の提出	補助事業の審査	
	融資を受ける場合、 内諾を得たことを申告	融資を受ける場合、 内諾を得たことを申告	
		交付決定通知 の発出	
※融資の内諾等を得 るために、融資の内 諾等以外の要件に 適合していることを 示す書類が必要な 場合には、お早め にご相談ください。	事業着手		
	完了実績報告の提出 →	完了実績報告の審査	
	補助金の受領 ←	補助金額の確定	

出典:「事業審査の受付について」(サービス付き高齢者向け住宅整備事業事務局)

　補助金についてもサ高住としての登録が前提で、国土交通省の「サービス付き高齢者向け住宅整備事業」に応募して交付申請書を提出し、審査を受けて採択される必要があります。都道府県等の登録前でも申請することは可能ですが、登録後でなければ交付を受けることはできません。

　融資を受ける場合には、交付申請書の提出に先立って融資の内諾を得ていなければなりませんが、内諾を得るため上記事務局が発行する補助要件適合確認済証を要求されることもあります。この場合、補助金の交付申請前に、事前審査を受けることが必要です。

　また、建設に際しては、入居率を左右する要素についても検討すべきです。周囲にどれだけの住居や施設があるか、どれだけの高齢者や要介護者がいるかといった定量的要因の他、「ここに住みたい」

と思える物件であるか否か、生活の拠点として便利かといった定性的要因も大切です。

（4）賃貸住宅事業としての検討事項

　高齢者向け賃貸住宅であっても、一般の賃貸住宅と同様、入居者の募集が極めて重要です。2013（平成25）年3月の高齢者住宅財団「サービス付き高齢者向け住宅等の実態に関する調査研究」によれば、入居率の全国平均は約77％となっていますが、賃貸住宅事業の収益は入居率により大きく変動するため、これをいかに上昇させるかがポイントとなります。

　料金設定が大きな意味を持つのはいうまでもありませんが、地域によってさまざまなローカルルールが存在する可能性がありますので、事前にしっかりと確認しておきたいところです。また、特別養護老人ホーム（特養）の入居待機者や病院を退院したあとの在宅復帰準備者の需要が多い現状では、医療機関との緊密な連携が利用者の大きな安心感につながるものと思われます。

　介護事業者が一括借り上げを行う場合、専門分野である介護事業以外に賃貸住宅事業も行う必要があります。十分な入居率が見込めて賃貸住宅事業として成立するのか、入居者との契約業務、家賃の回収業務などが可能であるかといった点についてもきちんと検討したうえで参入しなければなりません。

（5）介護事業としての検討事項

　居住者に訪問介護等の介護サービスを提供しますので、利用者の確保という意味ではプラスであるものの、一方でマイナス面として

考慮しておく事項が何点かあります。

　まずは、同一建物減算の制度です。簡単にいえば、同一建物に居住する利用者が30人以上になる場合に、その同一建物に居住する利用者の請求額から10％減算となります。

　次に、コンプライアンス違反に該当する可能性です。たとえば入居者に対して併設事業所の介護サービスを区分支給限度額いっぱいまで受けさせているケースがありますが、これは介護保険上、完全にアウトです。必要なケアを必要な量だけ受けるというのが本来の姿であり、この点を遵守した適切なケアプランに基づくサービス提供でなければなりません。

　サ高住の併設介護事業所に対する実地指導は今後も強化される方向性にあり、種々の事例が報告されています。違反者には重い処分が下される可能性もあり、事業者はコンプライアンス遵守の意識を高く保っておく必要があります。特に、兼務職員の勤務時間については明確に区分しておきましょう。

（6）事業計画の策定

　事業パターンや入居者ターゲット等の決定後、具体的な数字を盛り込んだ事業計画を策定することになりますが、そのなかでは下記のような詳細な計画が必要です。

1 初期投資計画

　建設コスト、ベッド、その他各種備品、介護車両、広告宣伝や人材募集の費用等が初期投資額として必要である他、開業前の人件費もここで計画に入れておかなければなりません。財務諸表においては開業時点における貸借対照表の借方、資産にあたる部分です。

2 融資・自己資金計画

　初期投資額の算出後、準備可能な自己資金の金額を計算し、不足する部分は住宅金融支援機構や民間金融機関から融資として調達する必要があります。財務諸表においては開業時点における貸借対照表の貸方、負債および純資産に当たる部分です。

3 収益計画

　家賃、管理費、食費の収入、介護報酬などを予測して作成します。入居率、要介護度別の利用率などの設定により大きく変動しますが、楽観的な計画は禁物です。ある程度の空室率を見込んでおかなければなりません。また高齢者住宅の場合、それなりの金額が基本料金として毎月かかりますので、介護保険の利用率は低く留まる傾向があります。そして入居者の要介護度によっても利用率は変動し、要介護度が低ければ利用率も低くなる傾向が見られます。これらの要因をふまえた現実的な計画を策定するようにしてください。財務諸表においては売上高にあたる部分です。

4 費用計画

　人件費、減価償却費、租税公課（国や地方公共団体に支払う税金等であり、具体的には固定資産税・不動産取得税・登録免許税・印紙税・自動車税等が含まれます）をはじめ、さまざまな費用が発生します。なかでも最大の費用は人件費であり、売上高のなかに占める人件費の割合＝人件費率が1つのポイントとなります。財務諸表においては販売費及び一般管理費にあたる部分です。

5 収支計画

　上記 3 、 4 に法人税等を加味すれば各事業年度における損益計

画は完成しますが、損益（収益－費用）と収支（収入－支出）は異なるという認識は必要です。黒字倒産という言葉もあるように、利益が出ている状態であっても、資金繰りがうまくいかなければ事業の継続は不可能となります。介護事業では介護報酬の入金が2か月後になること等を考慮に入れて、損益計画とは別に収支計画も作成しておきましょう。満室になるまでの期間を考え、借入金の返済条件や地主への支払条件に関する交渉、ファクタリング（介護保険債権の買い取りによる早期入金）の検討などが必要になるかもしれません。綿密な計画を立てるよう心がけてください。

（7）収支モデル

　サ高住を安定継続して運営するためには、収支計算をしっかりと行う必要があります。次に挙げるのは、1棟29戸のサ高住を自ら建設する場合の簡単な収支例です（**図表4-6-2**）。

　地主が建設したものを一括借り上げする場合には、この収支計算における借入金返済が地代家賃に変わることになります。

【図表4-6-2】サ高住を自ら建設する場合の収支モデル（1棟29戸）

前提条件	
・建築費	本体1億4,500万円＋その他諸経費1,500万円
・月額収入	1戸当たり家賃5万円、共益費1万円、生活支援費2万円、食費4万円
・空室率	15%
・自己資金	1,600万円
・借入金	1億4,400万円、金利2.5%、返済期間20年 →返済年額914万円

- 人件費　　　年間計696万円
- 固定資産税、年間計180万円
  修繕積立金等
- その他経費　年間計1,200万円

年間収支計算
- 収入金額　　12万円（月額収入）×29戸×12か月＝4,176万円
- 支出金額　　借入金返済914万円＋空室損料626万円＋諸経費1,380万円＝2,920万円
- 収入－支出　1,256万円

※空室損料は収入金額×空室率。端数は切り捨て。

（8）収益性をアップさせるために

　特に自らが建設主となる場合、建築コストの抑制によって収益性を向上させることが可能です。木造とするため階数を抑える、簡易的なスプリンクラーで済むよう面積を抑えるといった工夫も可能ですし、新規建設ではなく空室の多いマンション等の改修を検討することもできるでしょう。

　2015（平成27）年4月からはサ高住にも「住所地特例」が適用されるようになります。適正な事業計画によって長く安定的に運営し、事業者として適正な収益を確保しつつ、高齢者が安心して暮らせる地域社会の実現に尽力していただきたいと思います。

第5章

制度改正への対応と経営分析ツールの活用

1 厚生労働省「経営実態調査」から何が見えるのか

（1）介護事業経営概況調査と介護事業経営実態調査

　厚生労働省では介護事業者の経営状況を定期的に調査しています。これが介護報酬改定の前々年に行われる「介護事業経営概況調査」と、介護報酬改定の前年に行われる「介護事業経営実態調査」で、調査項目はサービス提供状況、居室・設備等の状況、職員配置、職員給与、収入・支出の状況、消費税課税対象支出の状況、設備投資の状況など多岐にわたります。調査結果で相対的に収支差率（収入に対する利益の割合）が高いサービスは余裕があると判断され報酬を下げられる場合があるなど、3年に1度行われる介護報酬改定の議論に大きな影響を与えます。

　前回は2010（平成22）年度に「介護事業経営概況調査」が、2011（平成23）年度に「介護事業経営実態調査」が行われました。2012（平成24）年度においては、当該調査により把握された介護事業者の経営状況の他、介護職員の処遇改善確保、物価の下落傾向、地域包括ケアシステムの推進等をふまえ、プラス1.2％（在宅＋1.0％、施設＋0.2％）の介護報酬改定が行われたのは記憶に新しいところです。

（2）2013（平成25）年度の介護事業経営概況調査

　直近では2015（平成27）年度改定に向け、2013（平成25）年7月に「介護事業経営概況調査」が行われ、12月4日に調査結果が公表されました。今回は経営主体別のサービス提供状況、介護老人福祉

施設等の施設・設備にかかわる述べ床面積、通勤手当や夜勤手当の状況などが新たに調査項目に加えられるとともに、2014（平成26）年4月の消費税率アップへの対応を検討するため必要なデータ収集も行われました。介護事業所の売上はその大半が消費税が非課税であることから、消費税率が上がっても介護事業所の売上が増加するわけではなく、逆に費用は確実に増加します。消費税率アップの負担は介護報酬の改定により対応する必要がありますので、今回の調査はその基礎資料を収集する目的が大きかったものと思われます。

主な調査結果は下記の通りです。3年前の2010（平成22）年度調査に比べて全体的に事業収入が減る一方、職員の給与費は維持・増加する傾向が見られました。

・各サービスの収支差率は居宅介護支援を除きプラス
・収支差率は、前回（2010〔平成22〕年度）調査と比べ、訪問介護など4サービスで上昇、介護老人福祉施設など11サービスで低下
・総収入に占める給与費の割合は、前回調査と比べ、介護老人福祉施設など12サービスで上昇、訪問入浴介護など3サービスで低下

通所介護の収支差率は8.6％で、2010（平成22）年度概況調査の13.0％、2011（平成23）年度実態調査の11.6％に比べて減少しているものの依然として比較的高い水準にあり、通所介護の介護費用額が介護老人保健施設の介護費用額を上回る水準になっていることから、次回介護報酬改定では相当厳しい結果になるのではないかと予想されています。

収支差率で唯一のマイナスとなった居宅介護支援の収支差率はマ

イナス3.1％です。前回のマイナス4.0％より改善していますが、依然として赤字の状態が継続しています。しかしながら、居宅介護支援には施設併設型と単独型の両方が含まれており、それぞれの収支差率については把握できていません。

　また、今回の概況調査においては、2012（平成24）年度からスタートした「定期巡回・随時対応型サービス」についての結果報告がありませんでした。運営している全事業所に調査票を送ったものの、有効回答数が極めて少なく信頼性のある結果を得られなかったため、公表を見送ったということです。

　この「定期巡回・随時対応型サービス」は地域包括ケアシステムの要となるサービスとして位置づけられているものの、サービスの普及が十分に進んでおらず、報酬や基準をどのように設定し直すか注目する人は少なくありません。2015（平成27）年度の介護報酬改定では、普及の遅れを改善するための有効な対策を打つことが求められていますが、的確な議論を行うための基礎となるデータの1つが欠けてしまった形となりました。

　厚生労働省は今後、来年度に実施する経営実態調査に向けて、調査票の改善など多くの回答を得るための努力を続けていく方針です。今回の経営概況調査についても、専門的な視点でさまざまな角度から検証すれば材料として使える部分もあると思われますが、残念な結果になったことは否めません。介護報酬改定にかかわる議論の精度を高めるには、信頼できるデータを数多く揃えるべきであるのは明らかであり、事業者の協力が不可欠です。事業者がそれぞれ日々の仕事に忙殺される現状からは難しい問題であるともいえますが、よりよい制度実現のため、国と事業者双方の努力が望まれます。

（3）介護給付費分科会での決定

　介護事業経営概況調査の結果は12月10日に厚生労働省の社会保障審議会介護給付費分科会で報告され、同日の会合では、消費税率アップに伴う介護事業者の負担増を補塡するため、2014（平成26）年4月から介護報酬に上乗せすることと、その計算式について大筋で了承されました。介護報酬のうち基本単位については、人件費等の非課税項目を除いた額を算出し、これに税率引き上げ分を乗じて上乗せ率が決定されます（加算も一部を除いて同様に計算）。消費税が3％上がることから介護報酬も3％上がるのではないかと思われるかもしれませんが、上記算式を考慮すれば、1％以下の水準になると思われます。

　また、同会合において、在宅サービスを利用する人の要介護度別の区分支給限度額を引き上げることも決定されました。利用する介護サービスの量が消費税率アップの前と同じであっても、税率アップに伴う介護報酬改正により限度額を超えてしまう可能性があります。今回の決定はこれを回避するのが狙いですが、区分支給限度額の引き上げは制度開始以来初のこととなります。

（4）介護保険制度の改正スケジュール

　2015（平成27）年度は、従来の流れからいえば3年に1回の介護報酬改正のみが行われるところですが、介護保険法の改正も行われることがすでに決定しています。

　介護保険制度改正法案は2014（平成26）年1月から始まる通常国会に提出・審議され、2月には可決・確定される見込みです。3月には全国の都道府県や主要都市の介護保険課の課長が集まる担当

課長会議が開催されますが、ここから6月頃にかけて省令、通知、Q&Aが段階的に出されるでしょう。

　ここまでで改正介護保険法の全体像が固まり、続いて報酬に関する議論が開始されます。2014 (平成26) 年には介護事業経営実態調査もありますので、介護給付費分科会においてはこの調査結果も加味して介護報酬改定が本格的に検討され、2015 (平成27) 年4月、介護保険改正法の施行、新介護報酬の開始となります。

　ここまで今後の大まかな流れを記載しました。2015 (平成27) 年改正まで、まだ時間があると思いがちですが、実は制度内容の確定はもう目前に迫っています。C-MASからも絶えず最新の情報を発信していきますので、介護事業者の皆様には常にアンテナを張ってこれを収集し、新制度および新報酬への対応を図っていただきたいと思います。

2 C-MAS会員のMASによる介護事業の経営指導

　介護事業経営研究会C-MAS (Care-Management Advisory Service、シーマス) では、その名が示す通り、介護事業者様に対するMAS業務にも積極的に取り組んでいます。
　MAS業務とは「経営計画・予算管理・決算対策・資金繰り等の経営全般に関して適切なアドバイスを実施すること」をいいますが、定期的に介護保険にかかわる制度改正や報酬改定が行われ、かつそれによって経営に大きな影響を受ける介護事業者様にとって、継続的かつ安定的に事業を運営するためのMASによる経営指導・経営改善は不可欠であるといっても過言ではありません。
　経営改善にはさまざまな方法が存在しますが、C-MAS会員の会計事務所が取り組んでいる1つの事例として、BSC (Balanced Scorecard、バランスト・スコアカード)、そして、その導入課程でも用いられるSWOT (スウォット) 分析といった手法をご紹介します。

(1) BSCとは

　ハーバード大学のロバート・S・キャプラン教授と経営コンサルタントのデビッド・P・ノートン博士が1992 (平成4) 年に『ハーバード・ビジネス・レビュー』誌に発表したのが始まりです。
　当初は業績評価システムから出発しましたが、のちに経営者情報システムとして発展、現在では戦略的経営システムとして位置づけられています。
　BSCでは、「戦略マップ」と「スコアカード」の2つを作成し、使

用します。

　まず、「戦略マップ」は経営戦略を目に見える形にしたものであり、経営者のビジョンを現場に浸透させると同時に、現場の意見を経営者に伝える、いわば社内的なコミュニケーションツールとしての役割を果たします。これは、社員のモチベーションアップにも大きく貢献します。

　また、「スコアカード」は業績評価指標を目に見える形にしたものであり、これを使用して戦略の実行を管理することによって、Plan（計画）、Do（実行）、Check（進捗管理）、Action（計画の見直し）のPDCAサイクルを確実に回すことができるようになります。達成すべき目標を評価指標とその目標値によって表し、達成度や進捗に合わせて現状を数値化して記載するため、このように呼ばれます。

（2）4つの視点

　BSCでは、経営戦略の立案・実行・管理において次の4つの視点（フレームワーク）を用いる点に特徴があります。

❶財務の視点（financial perspective）
　株主等の利害関係者に対して、企業業績を上げるための財務指標（営業利益・総資本利益率等）を設定し、測定します。

❷顧客の視点（customer perspective）
　顧客に対して、戦略成果を上げるための活動指標（顧客満足度・定着率等）を設定し、測定します。

❸業務プロセスの視点(internal business process perspective)

　財務的な数値目標の実現や顧客満足度の向上を図るため、競合他社よりも優れた業務プロセスが実現できているかの指標(品質・納期・コスト等)を設定し、測定します。

❹学習と成長の視点(learning and growth perspective)

　ビジョンと戦略を達成するため、従業員の能力を高め、企業改革と改善が継続しているかの指標(従業員満足度・定着率等)を設定し、測定します。「人材と変革の視点」とも呼ばれます。

　従来の業務管理手法は財務指標からの評価に偏りがちでしたが、これに顧客や人材といった非財務指標からの評価を加えることで多角的な指標で経営のバランスをとることができるようになっており、現代経営に適合する管理手法であるといえます。

(3) 5つのバランス

　BSCで用いる「戦略マップ」と「スコアカード」は、バランスト・スコアカードという名称が示す通り、さまざまな「バランス」を考えながら作成することとなります。では、このバランスとは、いったい何のバランスを指すものでしょうか？　代表的なバランスとして、次のようなものを挙げることができます。

❶財務と非財務のバランス

　従来より重要視されてきた「財務の視点」と、目に見えないものではあっても企業のビジョン・戦略の達成には欠かせない非財務指標を中心とした「顧客の視点」「業務プロセスの視点」「学習と成長

の視点」とのバランスです。

❷ 短期と長期のバランス

短期的な利益と長期的な成長、言い換えれば「財務の視点」と「学習と成長の視点」とのバランスです。

❸ 過去、現在、未来のバランス

財務諸表に表れている数字は過去の結果です。これに対し、財務的な結果を生み出すための顧客フォローや業務改善は現在の事象であり、人材育成等は未来への働きかけであるといえます。この過去と現在、そして未来のバランス、すなわち「財務の視点」「顧客の視点」「業務プロセスの視点」「学習と成長の視点」のバランスです。

❹ 内部と外部のバランス

内部指標（社内評価項目）である「業務プロセスの視点」「学習と成長の視点」と、外部指標（株主や顧客に対する社外的評価項目）である「財務の視点」「顧客の視点」とのバランスです。

❺ 利害関係者間のバランス

株主、顧客、従業員、金融機関、地域住民といった利害関係者の間に存在する、相反する利害関係のバランスです。

ここに掲げた5つのバランスの重要性は必ずしも均一ではなく、それぞれの企業が掲げるビジョンや戦略に焦点を合わせて優先順位や重み付けを行ったり、二律背反の関係を考慮することが重要です。

(4) BSC導入のステップ

BSCは、次のようなステップをふんで導入していくことになります。
　①経営理念・企業ビジョンの確認、策定
　②現状分析(SWOT分析・クロス分析)と戦略マップ作成
　③重要成功要因の設定
　④業績評価指標と目標値の設定
　⑤アクションプラン(行動計画)の作成
　⑥実践(PDCAサイクル)
各ステップについて順次、説明します。

■1 経営理念・企業ビジョンの確認、策定

経営理念および企業ビジョンは、BSC制度構築の土台となるものです。まだ制定されていない場合には、まず策定作業を実施することになりますが、ここでは3C分析等の手法が用いられます。

3CとはCustomer(市場・顧客)・Competitor(競合)・Company(自社)という3つの言葉の頭文字ですが、3C分析では顧客・自社・競合企業の特徴を整理・分析し、それらを前提として企業ビジョンを策定します。すでに企業ビジョンが制定されている場合には、ここで3Cとの整合性を確認します。

■2 現状分析(SWOT分析・クロス分析)と戦略マップ作成

SWOTとはStrength(強み)、Weakness(弱み)、Opportunity(機会)、Threat(脅威)という4つの言葉の頭文字ですが、SWOT分析は自社の内部環境(経営資源)と外部環境(経営を取り巻く環境)を整理し、それぞれにかかわるプラス・マイナス双方の側面からマト

リックス的に分析を行う手法です。強みと弱みは内部環境分析、機会と脅威は外部環境分析になります。

このSWOT分析から得られた強み、弱み、機会、脅威に基づき、それらを掛け合わせて分析を行う手法をクロス分析といい、クロス分析の結果を参考にして経営戦略を導き出します。このとき、企業のあるべき姿（ビジョン）を明確にし、その実現に向けた戦略を考えることが重要です。

掛け合わせのパターンとしては、次の4通りがあります。
・強みを活かし、機会をつかむ
・弱みを克服し、機会をつかむ
・強みを活かし、脅威に対抗する
・弱みを克服し、脅威に対抗する

このような現状分析（SWOT分析・クロス分析）を行ったあと、戦略マップを作成します。戦略マップとは、現状分析から導出された経営戦略を目に見える形にしたものであり、企業ビジョン達成のため進むべき道筋を示したものであるといえます。

戦略マップの作成にあたっては、因果関係が非常に大切です。「財務の視点」→「顧客の視点」→「業務プロセスの視点」→「学習と成長の視点」へと、4つの視点間の因果関係を一連の流れで説明できるように作成します。

❸重要成功要因の設定

重要成功要因の設定とは、個別の戦略を実行するためにどうすればよいのかを深く掘り下げて考え、成功に導く要因を抽出するプロセスとなります。

4 業績評価指標と目標値の設定

　業績評価指標とは、戦略および重要成功要因がどの程度実行されているのかを管理するための定量的な指標です。BSCの利点は、従来の手法では定性的な評価が中心で実行管理があいまいになっていた戦略および重要成功要因について、指標を用いて定量的に評価することにより、実行管理が確実に行えることです。戦略および重要成功要因に対して業績評価指標を1対1で設定するとともに、その目標値を設定します。

5 アクションプラン（行動計画）の作成

　目標値を確実に達成するための具体的な行動計画をアクションプランといい、5W2Hに基づいて作成します。

- ・目的　　Why
- ・目標　　What
- ・方策　　How
- ・責任者　Who
- ・期日　　When
- ・場所　　Where
- ・費用　　How much

6 実践（PDCAサイクル）

　作成したスコアカードを活用して、PDCAサイクルを回していきます。これを毎月繰り返します。

（5）BSCの活用効果

BSCを活用することにより企業が抱えるさまざまな経営課題に対応することが可能となり、次のような効果が期待できます。

🔢 ビジョンと戦略の共有化

３Ｃ分析やSWOT分析の実施によりビジョンを明確化し、戦略マップを作成して流れを視覚化するため、各戦略がどのように最終的な目標へとつながるかが明確になり、社内においてビジョンと戦略の共有化を図ることができます。

🔢 組織間の連携

全社的な戦略マップをもとに各組織の戦略マップを作成することにより、組織間の連携が明確になり、経営への参加意識や挑戦的な企業風土を醸成することができます。

🔢 目標管理制度の導入

非財務的指標の導入によって、従前よりも日常業務に即した形での目標設定が可能となります。さらに、各組織の戦略マップをもとに各個人レベルの目標を設定することによって組織における役割分担が明確化され、目標管理制度の導入が可能となります。

🔢 戦略検討ツールとしての活用

経営者が戦略全体を俯瞰的に捉えられるので、戦略検討ツールとして活用し、戦略・計画・予算を有機的にリンクさせることができます。また、BSCを通してビジョンと戦略を共有化していることから、会議等でもスピーディな問題発見に役立ち、速やかなアクショ

ンへとつながります。

5 情報開示ツールとしての利用

　株主や金融機関など、利害関係者への情報開示に利用することができます。

（6）経営計画とBSC

　介護事業所において、たとえば3年間の中期経営計画を策定しているのはおそらく少数派でしょう。制度や報酬の改定に対応した経営計画の必要性を感じつつも、日々の業務に追われて作成できないでいるかもしれません。

　一方、中期経営計画を作成している事業所において、それは有効に機能しているでしょうか？　せっかく作成したものの、どこかにしまい込んだままになっているというケースも多いのではないかと思います。

　その理由は、中期経営計画には未来の数値も記載されてはいるものの、それを達成するための具体的な方策までは描かれていないからです。BSCはこの部分を補うものであり、中期経営計画と相互補完の関係にあるものであるということができます。

　ここでご紹介した手法が、介護事業者の皆様にとって経営の一助となれば幸いです。

おわりに

　全国には、税理士・公認会計士の事務所、いわゆる「会計事務所」が3万1,222件あります（総務省・経済産業省「平成24年経済センサス活動調査」）。しかし、それだけの数の会計事務所があっても、介護事業経営に詳しいところはごくわずかです。本書をご覧の介護事業者の皆様は、会計事務所に何を求めているのでしょうか。税理士の基本的な仕事は、「税務代理」「税務書類の作成」「税務相談」と法律で定められています。いわゆる税金の相談や計算ということですが、それだけを求めているのでしたら、どの会計事務所でも問題はないでしょう。しかし、介護事業経営に関する専門的なアドバイス、介護会計、さらに実地指導対策、資金調達支援など、より経営に踏み込んだサポートを望むようでしたら、普通の会計事務所では対応が難しくなります。

　私たちC-MAS介護事業経営研究会は、介護事業に特化した全国約120の会計事務所で構成されたネットワークです。当研究会に参加するには、介護業界の専門知識、介護報酬算定の実務、介護会計等をしっかり学ぶ講習を受けなければならず、専門知識を身につけたうえで、それぞれが地元の介護事業者の皆様をサポートしています。もし、事業経営に悩んでいるようでしたら、お近くのC-MAS参加会計事務所にご相談ください。実務を伴わないご相談には、すべて無料で対応しています。私たちは、「『志』をもって地域の介護事業の皆様のご支援を行い、社会に貢献いたします」という理念を掲げ、日々、介護事業者の皆様のお役に立てるようにスキルを磨いています。

　最後になりますが、皆様の事業経営が健全に発展し、介護を必要としている地域の方々が、よりよいサービスを受けられるようになることを心より祈念いたします。

C-MAS介護事業経営研究会　本部事務局長
板垣　誠

■ 参考資料

TKC全国会『TKC経営指標(BAST)』
飯野利夫著『財務会計論(三訂版)』同文館、1996年
池田省三著『介護保険論 福祉の解体と再生』中央法規出版、2011年
伊藤一彦・古杉和美・小出契太著『税理士によるバランス・スコアカード活用の経営指導法』中央経済社、2013年
江草安彦編集委員代表『介護経営白書2013年度版』日本医療企画、2013年
大谷光弘著『高齢者向け賃貸住宅経営で成功する法』セルバ出版、2011年
協働公認会計士共同事務所・税務協働税理士共同事務所編著『非営利法人・団体と労働組合の会計と税務Q&A』大月書店、2013年
小濱道博著『介護福祉経営士実行力シリーズ2 よくわかる実地指導への対応マニュアル』日本医療企画、2014年
桜井久勝著『財務諸表分析』中央経済社、2013年
桜井久勝・須田一幸著『財務会計・入門(第8版補訂)』有斐閣、2012年
迫井正深著「ハイブリッドな老健の柔軟性を地域に応じて生かせるかどうかが鍵」:『Visionと戦略 2013年9月号』保健・医療・福祉サービス研究会
塩原修蔵編著『介護保険事業者の「会計の区分」と消費税・医療費控除』厚生科学研究所、2000年
髙木礼治著『サービス付き高齢者向け住宅経営』幻冬舎、2011年
高田直芳著『決定版ほんとうにわかる経営分析』PHP研究所、2010年
南部淳著『サービス付き高齢者向け住宅経営成功の秘訣25』幻冬舎、2013年
野村秀和編『高齢社会の医療・福祉経営』桜井書店、2005年
早坂聡久・三田村裕治編集代表『シリーズ介護施設安全・安心ハンドブック第6巻 施設経営における会計と税制』ぎょうせい、2011年
非営利法人会計研究会編『非営利組織体の会計・業績および税務 理論・実務・制度の見地から』関東学院大学出版会、2013年
増田雅暢編著『介護福祉経営士テキスト基礎編1 介護福祉経営史―介護保険サービス誕生の軌跡』日本医療企画、2012年
有限責任監査法人トーマツパブリックセクター&ヘルスケアインダストリーグループ編『やさしくわかる社会福祉法人の新しい会計基準』中央経済社、2013年

● 著者略歴

大森　達也（おおもり　たつや）　第1章1～3節
C-MAS兵庫加古川支部　坂下会計事務所
電話：079-422-2122　URL：http://www.sao.co.jp

税理士。1976年兵庫県生まれ。近畿税理士会加古川支部所属。C-MAS兵庫加古川支部こと坂下会計事務所で介護事業部門を担当。数多くの介護事業者のサポートを行っている。神戸商科大学（現・兵庫県立大学）から同大学院に進み、在学中に研究したキャッシュフロー計算書の知識と12年以上におよぶ会計税務現場での経験をもとに、顧問先との対話を重視した、会社の業績と資金繰りの改善を図るサポートを得意とする。

岡田　智雄（おかだ　ともお）　第1章4～5節
C-MAS倉敷中央支部　岡田智雄税理士事務所
電話：086-470-0333　mail：to-okada@shinenet.ne.jp

岡田智雄税理士事務所所長。1960年生まれ。1996年税理士登録。介護系民間企業や社会福祉法人に対して、合理的な経理システムを提供し、経営計画、資金繰り、節税対策などの指導を行っている。また、経理専門学校講師の経験を活かし、商工会議所や保険会社などの税務会計セミナーの講師としても活躍。C-MASにおいては介護事業者向けに毎年3回程度、介護経営セミナーを開催し、法改正や運営に関する最新情報の提供を行っている。

上野　竜太郎（うえの　りゅうたろう）　第2章
C-MAS東京城南支部　上野税理士法人
電話：03-6450-2173　URL：http://www.care-mas.com/

上野税理士法人代表社員税理士。日本介護経営株式会社代表取締役社長、歯科医療支援機構株式会社代表取締役社長。東京税理士会芝支部所属。1976年生まれ。熊本県立済々黌高等学校、法政大学経営学部卒。中小零細の事業者・経営者を支援することが、日本を元気にすることにつながるとの信念から各種経営支援やセミナー等を通じて地域貢献活動を行う。

斎藤　寿彦（さいとう　としひこ）　第3章1～3節
C-MAS大阪東支部　斎藤税理士事務所
電話：06-6976-7705　URL：http://www.saito-zei.com/

税理士、中小企業診断士、介護福祉経営士、株式会社インフォ・テック代表取締役。1979年同志社大学商学部卒業後、国税専門官として大阪国税局に入局。主に法人税・資産税（相続税）の税務調査に従事。1989年に斎藤税理士事務所を開設。介護事業に特化した会計事務所として、親しみやすく心強いサポートを提供する。豊富な調査経験を活かした実践的な税務戦略も提案。

横溝　大門（よこみぞ　だいもん）　第3章4～6節
C-MAS東京国分寺支部　税理士法人横溝会計パートナーズ
電話：042-321-9583　URL：http://www.yokomizo-kaikei.com/

公認会計士、税理士。2003年明治大学法学部法律学科卒業。金融機関の営業、大手監査法人、相続専門税理士法人を経て、2013年に税理士法人横溝会計パートナーズの代表社員に就任。さまざまな経験を活かした幅広い対応に評判がある。また、C-MAS東京国分寺支部として、介護事業者向けセミナーの開催や定期情報発信等を通じて、介護事業者の支援に力を入れている。

奥田　正名（おくだ　まさな）　第4章1～5節
C-MAS名古屋栄支部　税理士法人ザイムパートナーズ
電話：052-223-1645　URL：http://www.zaimupartners.jp/

税理士法人・社労士事務所ザイムパートナーズ代表。1970年生まれ。慶應義塾大学商学部卒業。介護事業・派遣事業といった労働集約型のビジネスに特有の税務・資金・人事労務問題をトータルで解決できる事務所でありたいと考え、2013年より介護事業者を法人設立時からサポートすることに重点を置いたサービスを展開している。

吉岡　理一（よしおか　りいち）第4章6節、第5章
C-MAS新大阪北摂支部　愛和税理士法人　理一会計事務所
電話：06-6308-1777　URL：http://www.e-riichi.com/

愛和税理士法人代表社員、吉岡理一公認会計士・社会保険労務士・行政書士事務所所長。1971年生まれ。京都大学理学部・工学部大学院卒業後、会計士試験の受験指導、上場企業の監査指導、中小企業の税務指導等に従事。独立開業後はC-MASおよびCB-TAG（介護経営総合研究所）の新大阪北摂支部長として介護事業所の指導育成に注力。2014年4月愛和税理士法人を設立し、代表社員就任。相続への対応を強化した。

●C-MAS介護事業経営研究会について

　C-MAS介護事業経営研究会（CARE-Management Advisory Service）は、「介護事業の皆様と一緒に経営について考えたい」「介護事業のさまざまな実務についてもっと踏み込んだサポートがしたい」と考えている会計事務所（税理士・公認会計士）の研究会です。会員同士で定期的な勉強会・情報交換を行い、介護事業者の皆様の役に立つ支援ができるように、常にスキルアップに務めています。

　C-MAS会員による介護事業者のサポートとしては、電話・FAX・メール等による無料相談、経営セミナー・無料相談会の実施の他、さまざまな情報発信を行い、介護業界の成長と発展のお手伝いをしていきたいと「志」を持って取り組んでいます。

■本部事務局連絡先

〒170-0013
東京都豊島区東池袋1-32-7三井生命池袋ビル　株式会社実務経営サービス内
電話：03-5928-1945　FAX：03-5928-1946　URL：http://c-mas.net/

- 表紙デザイン／梅津幸貴
- 編集協力／(株)東京コア
- 本文DTP／(株)ワイズファクトリー

介護福祉経営士　実行力テキストシリーズ4
経営ビジョンを戦略的に実現する
「介護会計」のすべて

2014年5月23日　初版第1刷発行

編著者	C-MAS介護事業経営研究会
発行者	林　諄
発行所	株式会社 日本医療企画
	〒101-0033　東京都千代田区神田岩本町4-14
	神田平成ビル
	TEL 03(3256)2861(代表)
	FAX03(3256)2865
	http://www.jmp.co.jp/
印刷所	大日本印刷株式会社

ISBN978-4-86439-262-4 C3034　ⓒC-MAS Kaigojigyoukeieikenkyukai 2014, Printed in Japan
(定価は表紙に表示しています)

「介護福祉経営士」テキストシリーズ　全21巻

総監修

江草安彦（社会福祉法人旭川荘名誉理事長、川崎医療福祉大学名誉学長）
大橋謙策（公益財団法人テクノエイド協会理事長、元・日本社会事業大学学長）
北島政樹（国際医療福祉大学学長）

(50音順)

■基礎編Ⅰ（全6巻）

第1巻　介護福祉政策概論 ── 介護保険制度の概要と課題
第2巻　介護福祉経営史 ── 介護保険サービス誕生の軌跡
第3巻　介護福祉関連法規 ── その概要と重要ポイント
第4巻　介護福祉の仕組み ── 職種とサービス提供形態を理解する
第5巻　高齢者介護と介護技術の進歩 ── 人、技術、道具、環境の視点から
第6巻　介護福祉倫理学 ── 職業人としての倫理観

■基礎編Ⅱ（全4巻）

第1巻　医療を知る ── 介護福祉人材が学ぶべきこと
第2巻　介護報酬制度／介護報酬請求事務 ── 基礎知識の習得から実践に向けて
第3巻　介護福祉産業論 ── 市場競争と参入障壁
第4巻　多様化する介護福祉サービス ── 利用者視点への立脚と介護保険外サービスの拡充

■実践編Ⅰ（全4巻）

第1巻　介護福祉経営概論 ── 生き残るための経営戦略
第2巻　介護福祉コミュニケーション ── ES、CS向上のための会話・対応術
第3巻　事務管理／人事・労務管理 ── 求められる意識改革と実践事例
第4巻　介護福祉財務会計 ── 強い経営基盤はお金が生み出す

■実践編Ⅱ（全7巻）

第1巻　組織構築・運営 ── 良質の介護福祉サービス提供を目指して
第2巻　介護福祉マーケティングと経営戦略 ── エリアとニーズのとらえ方
第3巻　介護福祉ITシステム ── 効率運営のための実践手引き
第4巻　リハビリテーション・マネジメント ── QOL向上のための哲学
第5巻　医療・介護福祉連携とチーム介護 ── 全体最適への早道
第6巻　介護事故と安全管理 ── その現実と対策
第7巻　リーダーシップとメンバーシップ、モチベーション
　　　　── 成功する人材を輩出する現場づくりとその条件